Maths CE2

Fichier 2

La méthode de Singapour

Sous la direction de
Monica Neagoy

AUTEURS

Monica Neagoy
Docteur en didactique des mathématiques

Françoise Bourhis-Lainé
Agrégée de mathématiques
Formatrice à l'ESPE de l'Université Paris-Sorbonne

Laurent Giauffret
Conseiller pédagogique départemental
« Mathématiques et Sciences »

Chantal Kritter
Agrégée de mathématiques
Formatrice à l'ESPE de l'Université Paris-Est Créteil

Agnès Szikora
Conseillère pédagogique

ÉDITION ORIGINALE

Charlotte Collars **Dr Koay Phong Lee**

Dr Lee Ngan Hoe **Tan Cheow Seng**

la librairie des écoles

 - ISBN 978-2-369-40429-3
7, place des Cinq Martyrs du Lycée Buffon, 75015 Paris

Fichier 1

Présentation du fichier 4

UNITÉ 1 ▶ LES NOMBRES JUSQU'À 10 000

1 Revoyons les centaines, les dizaines et les unités (1) 7
2 Revoyons les centaines, les dizaines et les unités (2) 9
3 Revoyons le millier 10
4 Analysons les milliers, les centaines, les dizaines et les unités (1) 12
5 Analysons les milliers, les centaines, les dizaines et les unités (2) 14
6 Comparons les nombres 16
7 Comparons et ordonnons les nombres 18
8 Explorons des suites de nombres 20
9 Ce que j'ai appris 22

UNITÉ 2 ▶ LA SYMÉTRIE

10 Revoyons les figures symétriques (1) 25
11 Revoyons les figures symétriques (2) 26
12 Revoyons les figures symétriques (3) 28
13 Complétons des figures symétriques (1) 29
14 Complétons des figures symétriques (2) 31
15 Ce que j'ai appris 33

UNITÉ 3 ▶ L'ADDITION ET LA SOUSTRACTION

16 Calculons des sommes et des différences 35
17 Résolvons des problèmes d'addition et de soustraction (1) 37
18 Résolvons des problèmes d'addition et de soustraction (2) 39
19 Additionnons avec 1 échange 41
20 Additionnons avec 2 ou 3 échanges 43
21 Soustrayons avec 1 échange 45
22 Soustrayons avec 2 ou 3 échanges 47
23 Soustrayons un nombre d'une centaine ou d'un millier 49
24 Résolvons des problèmes à une étape (1) 51
25 Résolvons des problèmes à une étape (2) 53
26 Résolvons des problèmes à deux étapes 55
27 Ce que j'ai appris 57

UNITÉ 4 ▶ LES FORMES

28 Identifions les angles 59
29 Revoyons l'angle droit 61
30 Revoyons les figures connues 62
31 Explorons les carrés et les rectangles 64
32 Revoyons les triangles rectangles 66
33 Explorons les polygones 68
34 Créons des figures 70
35 Revoyons les solides 72
36 Explorons le patron du cube 74
37 Ce que j'ai appris 76

UNITÉ 5 ▶ LA MULTIPLICATION ET LA DIVISION PAR 6, 7, 8 ET 9

38 Revoyons la multiplication 79
39 Multiplions par 6 (1) 81
40 Multiplions par 6 (2) 83
41 Multiplions par 7 (1) 85
42 Multiplions par 7 (2) 87
43 Divisons par 6 et par 7 (1) 89
44 Divisons par 6 et par 7 (2) 91
45 Multiplions par 8 92
46 Multiplions par 9 94
47 Divisons par 8 et par 9 (1) 96
48 Divisons par 8 et par 9 (2) 98
49 Résolvons des problèmes (1) 99
50 Résolvons des problèmes (2) 101
51 Ce que j'ai appris 103

UNITÉ 6 ▶ LES EUROS

52 Les euros et les centimes 105
53 Additionnons des sommes d'argent (1) 107
54 Additionnons des sommes d'argent (2) 109
55 Soustrayons des sommes d'argent (1) 111
56 Soustrayons des sommes d'argent (2) 113
57 Résolvons des problèmes (1) 115
58 Résolvons des problèmes (2) 117
59 Ce que j'ai appris 119

UNITÉ 7 ▶ LE REPÉRAGE DANS L'ESPACE

60 Repérons-nous et déplaçons-nous sur un plan 121
61 La rose des vents et les points cardinaux 122
62 Codons des déplacements sur un quadrillage 124
63 Décodons des déplacements sur un quadrillage 126
64 Ce que j'ai appris 128

Nombres et calculs
Grandeurs et mesures
Espace et géométrie

Fichier 2

Présentation du fichier ... 4

UNITÉ 8 ▶ LA MULTIPLICATION ET LA DIVISION

65 Multiplions mentalement ... 7
66 Multiplions sans échange ... 8
67 Multiplions avec échange ... 10
68 Multiplions 2 nombres à 2 chiffres ... 12
69 Divisons mentalement ... 14
70 Le quotient et le reste ... 16
71 Le quotient et le reste : nombres pairs et impairs ... 18
72 Divisons sans échange (1) ... 20
73 Divisons sans échange (2) ... 22
74 Divisons avec échange ... 24
75 Résolvons des problèmes (1) ... 26
76 Résolvons des problèmes (2) ... 28
77 Résolvons des problèmes (3) ... 29
78 Ce que j'ai appris ... 30

UNITÉ 9 ▶ LES MESURES

79 Revoyons les mesures connues ... 33
80 Mesurons les longueurs en mètres et en centimètres ... 34
81 Mesurons les longueurs en centimètres et en millimètres ... 36
82 Mesurons les longueurs en mètres, en décimètres, en centimètres et en millimètres ... 38
83 Mesurons les longueurs en kilomètres et en mètres 40
84 Mesurons les masses en kilogrammes et en grammes (1) ... 42
85 Mesurons les masses en kilogrammes et en grammes (2) ... 44
86 Mesurons les masses en tonnes et en kilogrammes 46
87 Mesurons les contenances en litres et en millilitres 48
88 Mesurons les contenances en décilitres et en centilitres ... 50
89 Mesurons les contenances en litres, en décilitres, en centilitres et en millilitres ... 52
90 Résolvons des problèmes (1) ... 54
91 Résolvons des problèmes (2) ... 56
92 Ce que j'ai appris ... 57

UNITÉ 10 ▶ LES TABLEAUX ET LES GRAPHIQUES

93 Faisons le lien entre les tableaux et les graphiques 59
94 Lisons et interprétons des graphiques (1) ... 60
95 Lisons et interprétons des graphiques (2) ... 62
96 Complétons et analysons des graphiques ... 64
97 Ce que j'ai appris ... 65

UNITÉ 11 ▶ LES TRACÉS GÉOMÉTRIQUES

98 Traçons des carrés et des rectangles (1) ... 67
99 Traçons des carrés et des rectangles (2) ... 68
100 Traçons des triangles rectangles ... 71
101 Traçons des cercles (1) ... 73
102 Le milieu d'un segment ... 75
103 Traçons des cercles (2) ... 77
104 Traçons des figures complexes ... 79
105 Ce que j'ai appris ... 81

UNITÉ 12 ▶ LES FRACTIONS

106 Revoyons les fractions ... 83
107 Représentons des fractions sur une droite numérique ... 85
108 Les fractions équivalentes ... 87
109 Représentons les fractions équivalentes sur une droite numérique ... 90
110 Comparons et ordonnons les fractions ... 92
111 Représentons les comparaisons de fractions sur une droite numérique ... 94
112 Additionnons les fractions ... 96
113 Soustrayons les fractions ... 98
114 Ce que j'ai appris ... 100

UNITÉ 13 ▶ L'HEURE ET LA DURÉE

115 Lisons les heures et les minutes (1) ... 103
116 Lisons les heures et les minutes (2) ... 104
117 Calculons la durée avec des horloges ... 106
118 Convertissons les heures en minutes ... 107
119 Lisons les heures, les minutes et les secondes .. 108
120 Résolvons des problèmes ... 110
121 Ce que j'ai appris ... 113

UNITÉ 14 ▶ L'AIRE ET LE PÉRIMÈTRE

122 Découvrons la notion d'aire ... 115
123 Mesurons l'aire en centimètres carrés ... 117
124 Mesurons l'aire en mètres carrés ... 119
125 Découvrons la notion de périmètre ... 121
126 Résolvons des problèmes (1) ... 124
127 Résolvons des problèmes (2) ... 126
128 Ce que j'ai appris ... 128

Voici les 4 personnages qui vont t'accompagner tout au long de ton année de CE2.

Mode d'emploi

Chaque unité débute par l'observation d'une grande illustration en lien avec les nouvelles notions.

Le numéro et le titre de la séance permettent une navigation rapide dans l'ouvrage.

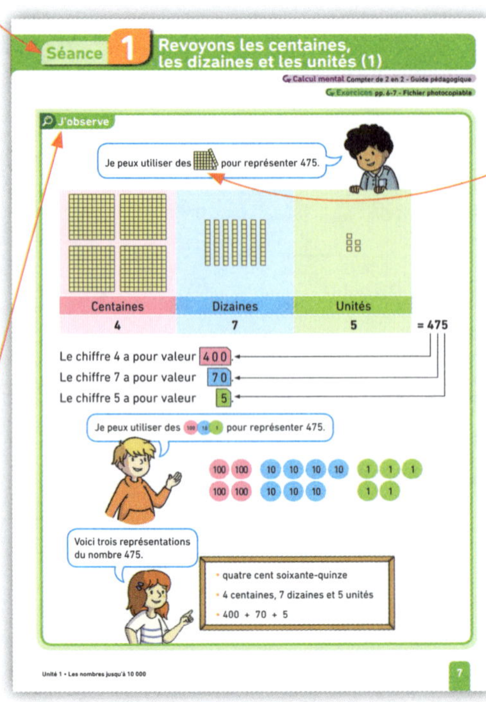

Le matériel nécessaire à la réalisation de certaines activités est signalé par des pictogrammes.

Les encadrés « J'observe » présentent les notions étudiées.

Les activités du fichier photocopiable permettent aux élèves de s'exercer de manière autonome.

Les exercices quotidiens de calcul mental sont décrits dans le guide pédagogique.

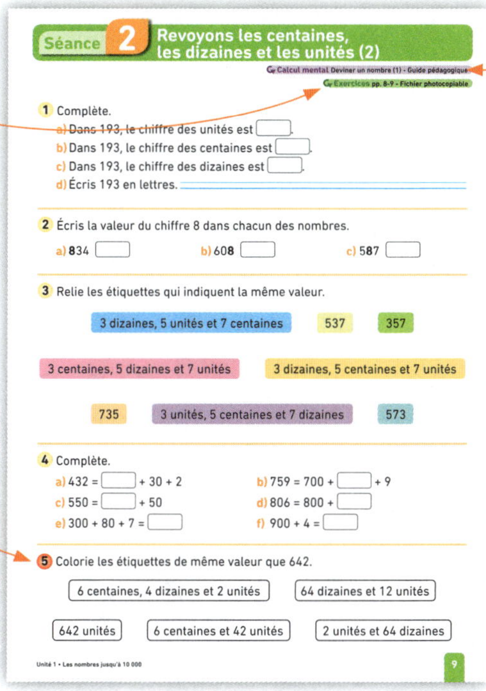

Les exercices comportent deux niveaux de difficulté indiqués par un code couleur (jaune ou rouge) pour une pédagogie différenciée.

Chaque unité se termine par une séance d'objectivation, au cours de laquelle les élèves explicitent ce qu'ils ont appris à l'aide de schémas et d'illustrations.

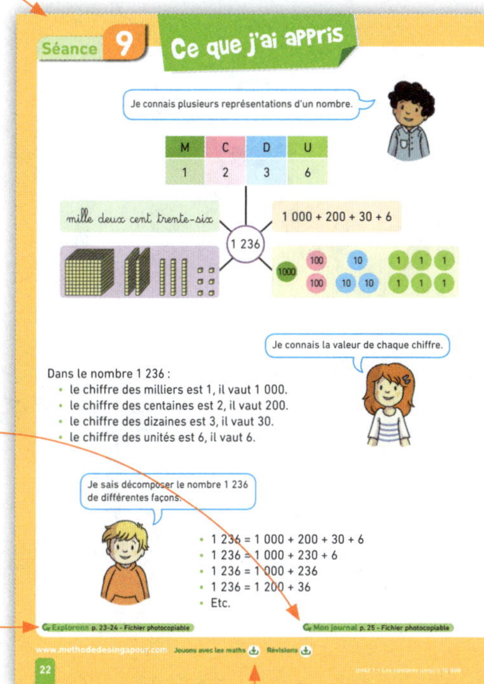

Les fiches photocopiables « Mon journal » donnent aux élèves la possibilité de reformuler les notions étudiées avec des mots, des schémas ou des dessins.

Les fiches photocopiables « Explorons » proposent des activités permettant aux élèves d'approfondir leurs connaissances.

Pour chaque unité, des ressources sont à télécharger sur le site www.methodedesingapour.com : Jouons avec les maths et Révisions.

Liste des pictogrammes utilisés dans les fichiers 1 et 2

- : cubes multidirectionnels
- : jetons de couleur
- : pendules
- : matériel de base 10
- : cartes de numération
- : disques-nombres
- : monnaie factice

Responsable éditoriale : Fanny Mezzarobba
Édition : Lucie Allant
Illustrations : Mahaut Lemoine
Relecture : Julie Domenget-Turbot
Conception graphique de la maquette de couverture : Primo&Primo
Conception graphique de la maquette intérieure : Langage Graphique
Mise en pages : STDI
Police cursive : SG Cursive© 4 HEURES

PEFC 10-32-2813

Achevé d'imprimer en Fevrier 2021 par Imprimerie IPS en France
Dépôt légal : Fevrier 2021 – N° éditeur : LDESI20190114

Unité

8 La multiplication et la division

Séance 65 Multiplions mentalement

Calcul mental Les presque-doubles - Guide pédagogique
Exercices pp. 134-135 - Fichier photocopiable

1 Observe ce tableau.

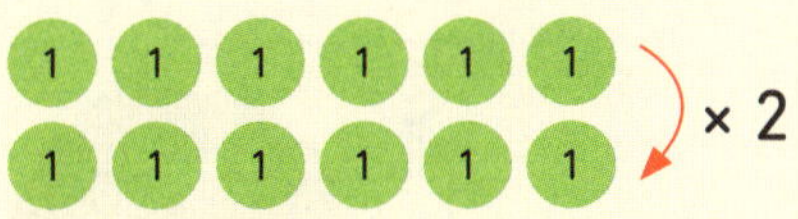

6 unités × 2 = 12 unités
6 × 2 = 12

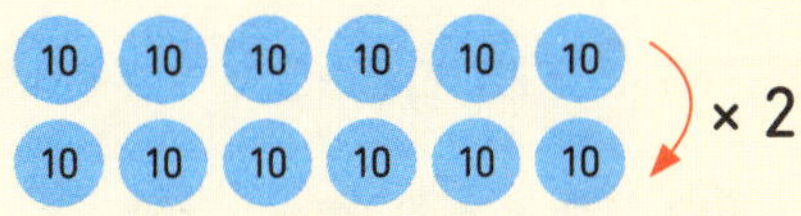

6 dizaines × 2 = 12 dizaines
60 × 2 = 120

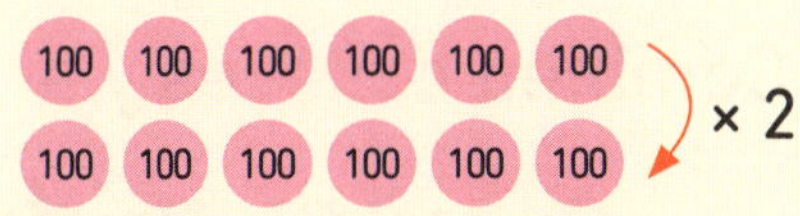

6 centaines × 2 = 12 centaines
600 × 2 = 1 200

a) Que remarques-tu ? ____________________

____

b) Quelle est la valeur de 800 × 7 ? [ ]
Pourquoi ta réponse a-t-elle 2 zéros ?

8 × 7 = [ ]
8 centaines × 7 = [ ] centaines

____

c) Quelle est la valeur de 60 × 6 ? [ ]
Combien trouves-tu de zéros ? [ ] Pourquoi ?

d) Quelle est la valeur de 200 × 5 ? [ ]
Combien trouves-tu de zéros ? [ ] Pourquoi ?

2 Complète avec des nombres ou avec les mots *dizaines* et *centaines*.

a) 4 × 70 = 4 × [ ] dizaines
= [ ] dizaines
= [ ]

b) 4 × 700 = 4 × [ ] centaines
= [ ] centaines
= [ ]

c) 8 × 50 = 8 × 5 ____________
= 40 ____________
= [ ]

d) 8 × 500 = 8 × 5 ____________
= 40 ____________
= [ ]

Séance 66 Multiplions sans échange

Calcul mental Décomposer un nombre - Guide pédagogique
Exercices pp. 136-137 - Fichier photocopiable

J'observe

Il y a 12 élèves par rangée.
Combien d'élèves y a-t-il dans 2 rangées ?

12, c'est 10 + 2.

12 × 2, c'est 10 × 2 et 2 × 2.

① Pose la multiplication.

$$\begin{array}{r} 1\;2 \\ \times\quad 2 \\ \hline \end{array}$$

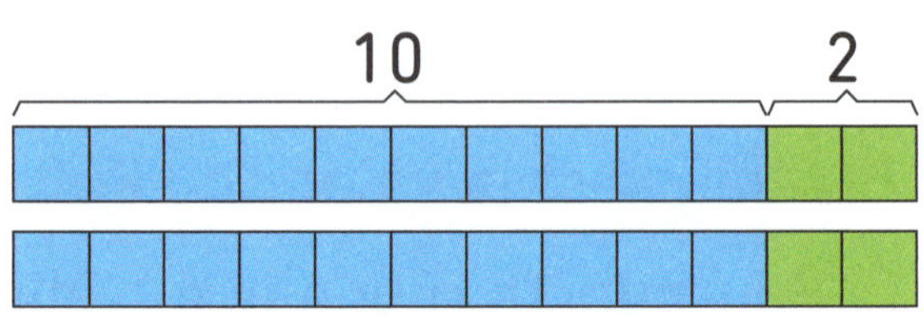

② Multiplie les unités.

$$\begin{array}{r} 1\;\mathbf{2} \\ \times\quad 2 \\ \hline \mathbf{4} \end{array}$$

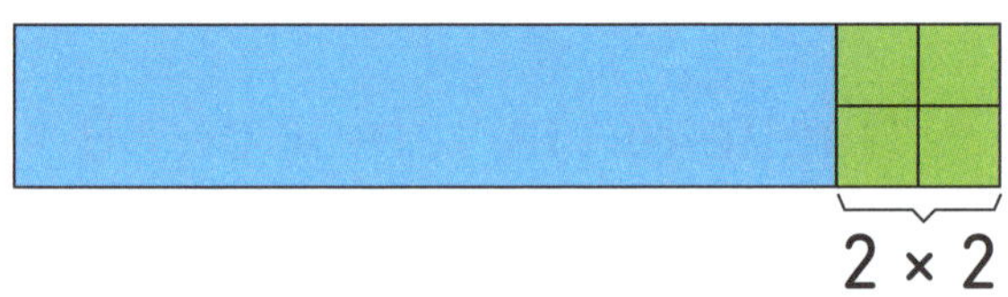

③ Multiplie les dizaines.

$$\begin{array}{r} \mathbf{1}\;2 \\ \times\quad 2 \\ \hline 4 \\ \mathbf{2}\;\mathbf{0} \end{array}$$

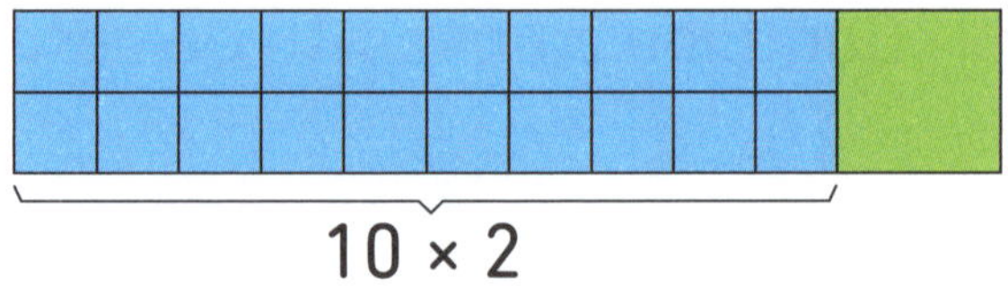

④ Additionne 4 et 20.

$$\begin{array}{r} 1\;2 \\ \times\quad 2 \\ \hline 4 \\ 2\;0 \\ \hline \mathbf{2}\;\mathbf{4} \end{array}$$

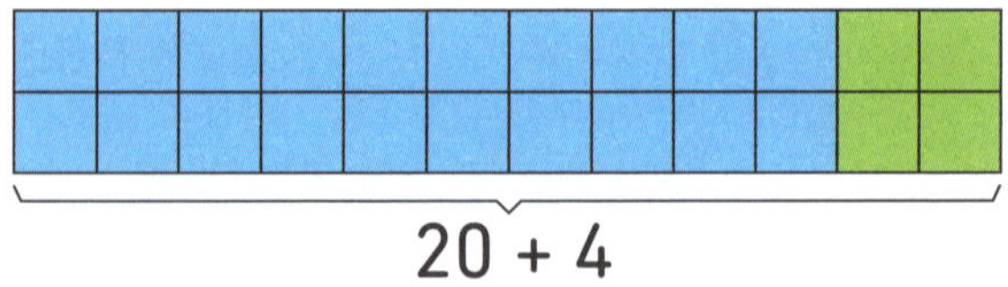

4 + 20 = 24
24 est le résultat de 12 × 2.
C'est le **produit** de 12 par 2.

Il y a 24 élèves.

J'observe

① Multiplie les unités.

$$\begin{array}{r} 1\;2 \\ \times\quad 2 \\ \hline 4 \end{array}$$

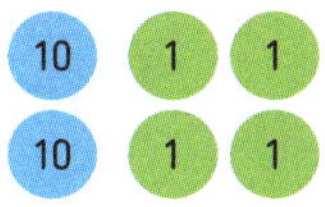

→

② Multiplie les dizaines.

$$\begin{array}{r} 1\;2 \\ \times\quad 2 \\ \hline 2\;4 \end{array}$$

2 unités × 2 = 4 unités

1 dizaine × 2 = 2 dizaines

1 Multiplie 22 par 3.

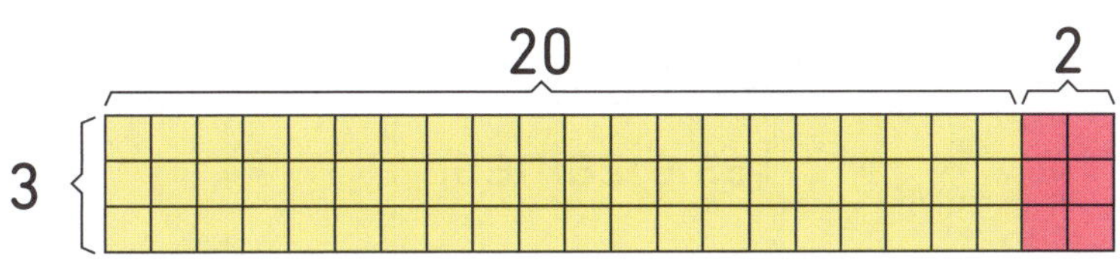

$$\begin{array}{r} 2\;2 \\ \times\quad 3 \\ \hline \square \\ \square\,\square \\ \hline \square\,\square \end{array}$$

2 Multiplie 231 par 3.

$$\begin{array}{r} 2\;3\;1 \\ \times\quad 3 \\ \hline \square \\ \square\,\square \\ \square\,\square\,\square \\ \hline \square\,\square\,\square \end{array}$$

3 Multiplie.

a) $$\begin{array}{r} 2\;2 \\ \times\quad 4 \\ \hline \square\,\square \end{array}$$

b) $$\begin{array}{r} 1\;4\;2 \\ \times\quad 2 \\ \hline \square\,\square\,\square \end{array}$$

c) $$\begin{array}{r} 3\;0\;2 \\ \times\quad 3 \\ \hline \square\,\square\,\square \end{array}$$

4 Il y a 12 mois dans 1 année.
Combien y a-t-il de mois dans 5 années ? ☐

Séance 67 Multiplions avec échange

Calcul mental Familles des nombres 10, 100 et 1 000 - Guide pédagogique
Exercices pp. 138-139 - Fichier photocopiable

J'observe

Victor a réservé 3 rangées de sièges pour un spectacle.
Il y a 15 sièges dans chaque rangée.
Combien de sièges Victor a-t-il réservés ?

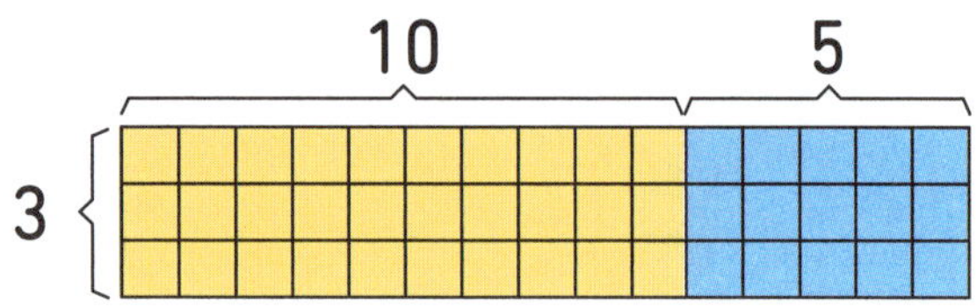

15, c'est 10 + 5.

15 × 3, c'est 10 × 3 et 5 × 3.

① Multiplie les unités.

```
   1 5
×    3
------
   1 5
```

→

② Multiplie les dizaines.

```
   1 5
×    3
------
   1 5
   3 0
```

→

③ Additionne 15 et 30.

```
   1 5
×    3
------
   1 5
   3 0
------
   4 5
```

Victor a réservé 45 sièges.

Voici une autre présentation du même calcul.

① Multiplie les unités.

```
   1
   1 5
×    3
------
     5
```

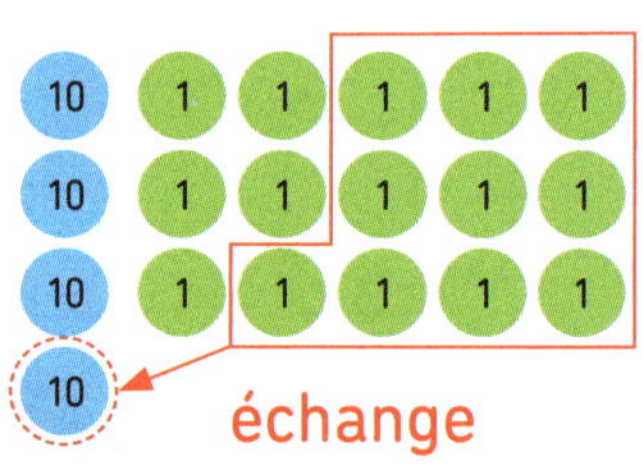

→

② Multiplie les dizaines et additionne.

```
   1
   1 5
×    3
------
   4 5
```

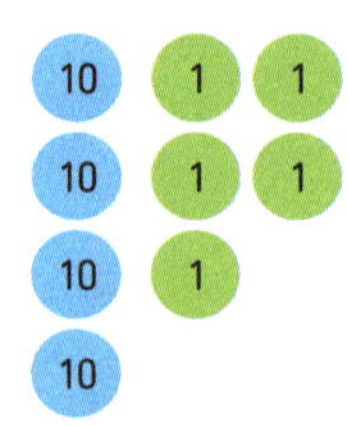

5 unités × 3 = 15 unités
15 unités = 1 dizaine et 5 unités

1 dizaine × 3 = 3 dizaines
3 dizaines + 1 dizaine = 4 dizaines

1 Multiplie 17 par 3.

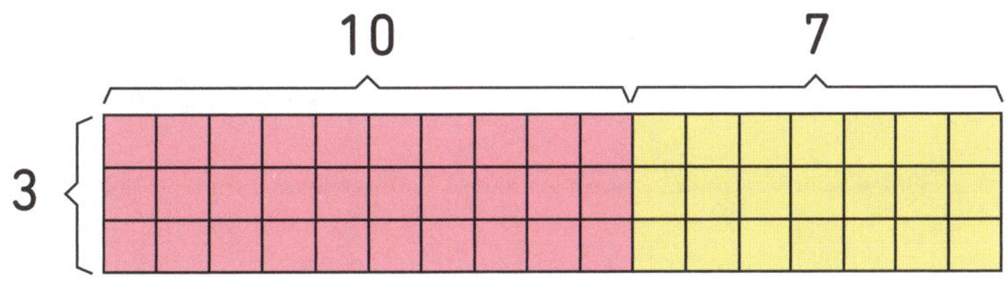

$$\begin{array}{r} 1\ 7 \\ \times\ \ \ 3 \\ \hline \square\square \\ \square\square \\ \hline \square\square \end{array}$$

2 Multiplie 356 par 4.

6 unités × 4 = 24
5 dizaines × 4 = 200
3 centaines × 4 = 1 200

$$\begin{array}{r} 3\ 5\ 6 \\ \times\ \ \ \ \ \ 4 \\ \hline \square\square \\ \square\square\square \\ \square\square\square\square \\ \hline \square\square\square\square \end{array}$$

3 Multiplie.

a) $\begin{array}{r} 2\ 1\ 5 \\ \times\ \ \ \ \ 4 \\ \hline \square\square \\ \square\square \\ \square\square\square \\ \hline \square\square\square \end{array}$

b) $\begin{array}{r} 4\ 4\ 5 \\ \times\ \ \ \ \ 3 \\ \hline \square\square \\ \square\square\square \\ \square\square\square\square \\ \hline \square\square\square\square \end{array}$

c) $\begin{array}{r} 2\ 6 \\ \times\ \ 2 \\ \hline \square\square \end{array}$

d) $\begin{array}{r} 6\ 1\ 8 \\ \times\ \ \ \ \ 6 \\ \hline \square\square\square\square \end{array}$

4 Multiplie avec la méthode de ton choix puis écris le produit.
Utilise des 1 000 100 10 1 pour vérifier tes réponses.

a) 36 × 3 = ☐
b) 74 × 8 = ☐
c) 152 × 6 = ☐
d) 7 × 306 = ☐

5 Il y a 12 mois dans 1 année. À ton 9e anniversaire, tu auras vécu 9 × 12 mois ou 108 mois.
À ton 18e anniversaire, combien de mois auras-tu vécus ? ☐

Calcule mentalement ! 18, c'est 2 × 9.

Séance 68 Multiplions 2 nombres à 2 chiffres

Calcul mental Familles des nombres 50, 500 et 5 000 - Guide pédagogique

Exercices pp. 140-141 - Fichier photocopiable

J'observe

Le théâtre Azur a 13 rangées de 21 sièges.
Combien de sièges y a-t-il dans le théâtre Azur ?

Calcule 21 × 13.

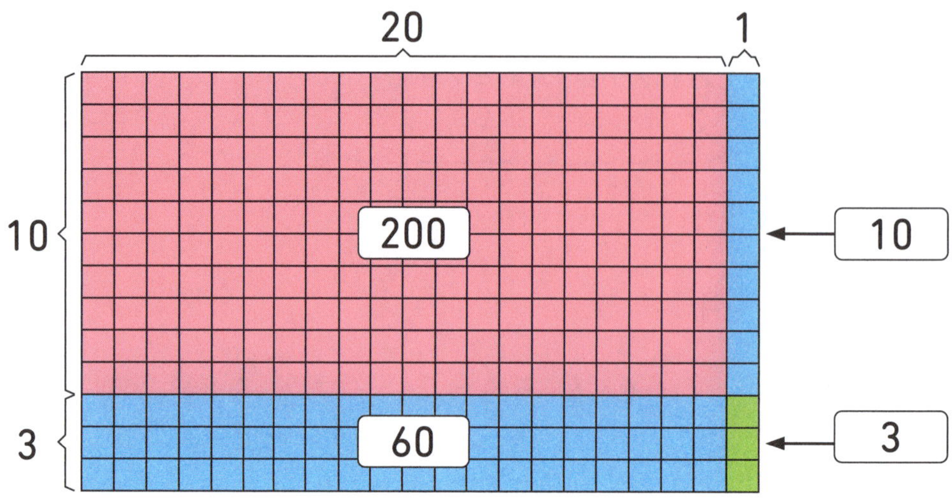

2 **1**	**2** 1	2 **1**	**2** 1	2 1
× 1 **3**	× 1 **3**	× **1** 3	× **1** 3	× 1 3
3	3	3	3	3
	6 0	6 0	6 0	6 0
		1 0	1 0	1 0
			2 0 0	2 0 0
				2 7 3

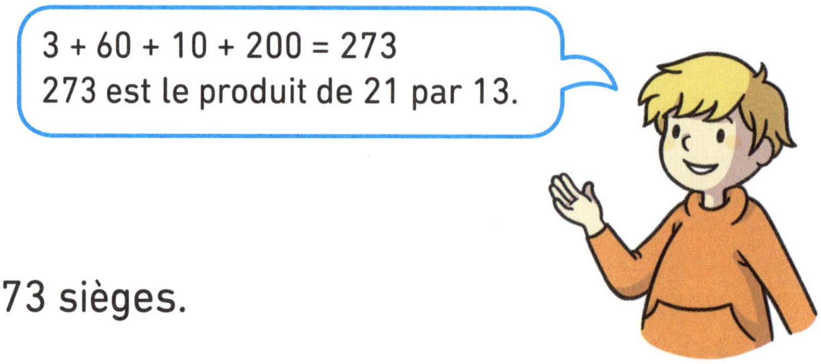

21 × 13 = 273

Le théâtre Azur a 273 sièges.

1 Utilise le schéma ci-dessus pour calculer mentalement le nombre de sièges dans un théâtre de 13 rangées de 20 sièges.
Ce théâtre a ☐ sièges.

2 La fanfare municipale défile pour le 14 juillet.
Les musiciens avancent par rangées de 15. Il y a 15 rangées.
Combien y a-t-il de musiciens ?

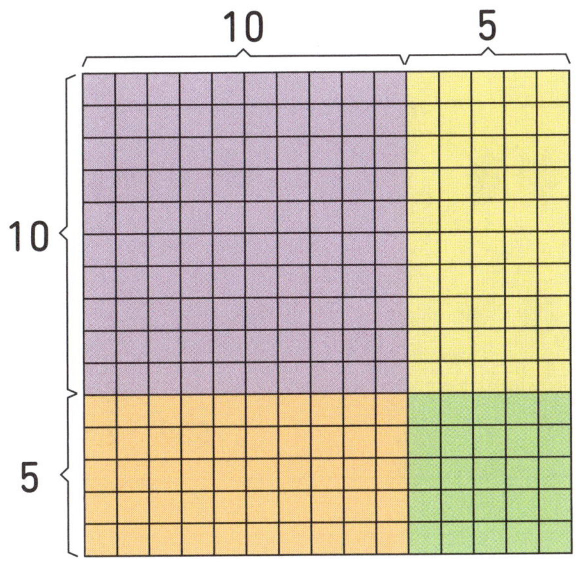


```
    1 5
×   1 5
-------
    □ □
    □ □
    □ □
  □ □ □
-------
  □ □ □
```

Il y a ____ musiciens.

3 Multiplié.

a)
```
    4 1
×   2 2
-------
      □
    □ □
    □ □
  □ □ □
-------
  □ □ □
```

b)
```
    6 7
×   1 1
-------
      □
    □ □
    □ □
  □ □ □
-------
  □ □ □
```

c)
```
      5 3
×     4 2
---------
        □
    □ □ □
    □ □ □
  □ □ □ □
---------
  □ □ □ □
```

4 Calcule mentalement le nombre de sièges dans chaque théâtre.

Théâtre A	Théâtre B	Théâtre C
40 rangées, 20 colonnes	50 rangées, 20 colonnes	70 rangées, 50 colonnes
____ sièges	____ sièges	____ sièges

5 Dans un grand verger rectangulaire, 600 pommiers sont plantés en rangées et en colonnes.
Trouve 4 façons différentes de disposer les pommiers dans le verger.

Séance 69 Divisons mentalement

Calcul mental Compléments à la dizaine/centaine supérieure - Guide pédagogique

Exercices pp. 142-143 - Fichier photocopiable

1 Observe ce tableau.

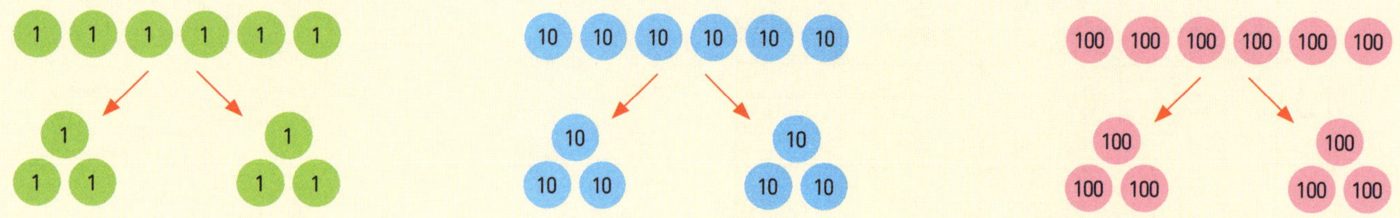

6 unités ÷ 2 = 3 unités	6 dizaines ÷ 2 = 3 dizaines	6 centaines ÷ 2 = 3 centaines
6 ÷ 2 = 3	60 ÷ 2 = 30	600 ÷ 2 = 300

a) Que remarques-tu ? ______

______

b) Quelle est la valeur de 900 ÷ 3 ? ☐

Pourquoi ta réponse a-t-elle 2 zéros ?

______

9 ÷ 3 = ☐

9 centaines ÷ 3 = ☐ centaines

c) Quelle est la valeur de 240 ÷ 3 ? ☐

Combien trouves-tu de zéros ? ☐ Pourquoi ?

d) Quelle est la valeur de 300 ÷ 5 ? ☐

Combien trouves-tu de zéros ? ☐ Pourquoi ?

2 Complète avec des nombres ou avec les mots *dizaines* et *unités*.

a) 80 ÷ 4 = ☐ dizaines ÷ 4
= ☐ dizaines
= ☐

b) 800 ÷ 4 = ☐ centaines ÷ 4
= ☐ centaines
= ☐

c) 48 ÷ 6 = 48 ______ ÷ 6
= ☐ ______
= ☐

d) 480 ÷ 6 = 48 ______ ÷ 6
= ☐ ______
= ☐

3 Divise mentalement en utilisant tes tables de multiplication.

Exemple : 24 ÷ 6 = 4 car 4 × 6 = 24

a) 15 ÷ 3 = ☐ car ☐ × 3 = 15

b) 42 ÷ 7 = ☐ car ☐ × 7 = 42

c) 81 ÷ 9 = ☐ car ☐ × 9 = 81

d) 20 ÷ 4 = ☐ car ☐ × 4 = 20

e) 40 ÷ 8 = ☐ car ☐ × 8 = 40

f) 54 ÷ 6 = ☐ car ☐ × 6 = 54

---

4 Divise mentalement. Utilise les réponses de l'exercice **3**.

a) 420 ÷ 7 = ☐ b) 5 400 ÷ 6 = ☐ c) 150 ÷ 3 = ☐

d) 8 100 ÷ 9 = ☐ e) 400 ÷ 8 = ☐ f) 2 000 ÷ 4 = ☐

---

5 Calcule mentalement.
Si c'est un problème de multiplication, coche M.
Si c'est un problème de division, coche D.

	M	D
a) Clara a acheté 8 paquets de yaourts. Chaque paquet contient 4 pots de yaourt. Combien de pots Clara a-t-elle achetés ? ☐ ◯ ☐ = ☐	☐	☐
b) Élie a préparé 200 petits pains au chocolat pour les vendre à la fête de l'école. Il veut en mettre 4 par boîte. Combien de boîtes lui faudra-t-il ? ☐ ◯ ☐ = ☐	☐	☐
c) Madame Lepic a fait compter les élèves de 10 en 10. Le premier élève a dit 10 et le dernier 240. Combien d'élèves y a-t-il dans la classe de madame Lepic ? ☐ ◯ ☐ = ☐	☐	☐

Séance 70 Le quotient et le reste

Calcul mental Compléments au millier supérieur - Guide pédagogique

Exercices p. 144 - Fichier photocopiable

J'observe

Partage 23 cartes de façon égale entre 4 enfants.

23 ÷ 4 ? Lorsqu'on divise 23 par 4, le **quotient** est 5 et le **reste** est 3.

22 ÷ 4 ? Lorsqu'on divise 22 par 4, le **quotient** est 5 et le **reste** est 2.

21 ÷ 4 ? Lorsqu'on divise 21 par 4, le **quotient** est 5 et le **reste** est 1.

20 ÷ 4 ? Lorsqu'on divise 20 par 4, le **quotient** est 5 et le **reste** est 0.

Quand le reste d'une division est 0, on dit qu'elle **tombe juste**.
On écrit alors la phrase mathématique 20 ÷ 4 = 5.

1 S'il y a 24 cartes à partager de façon égale entre 4 enfants, quel sera le quotient et quel sera le reste ?

Le quotient sera ☐ et le reste sera ☐.

phrase mathématique : ____________________

2 Complète chaque phrase mathématique pour qu'elle soit vraie.

a) 21 = 4 × 5 + ☐ b) 22 = 4 × 5 + ☐ c) 23 = 4 × 5 + ☐

3 **a)** Dessine 19 jetons répartis de façon égale en 3 groupes.

Groupe 1 | Groupe 2 | Groupe 3 | Reste

Combien de jetons y a-t-il dans chaque groupe ? ___

Combien de jetons reste-t-il ? ___

Lorsqu'on divise 19 par 3, le quotient est ___ et le reste est ___.

b) Complète.

- 20 ÷ 3 ? Le quotient est ___ et le reste est ___.
- 21 ÷ 3 ? Le quotient est ___ et le reste est ___.
- 22 ÷ 3 ? Le quotient est ___ et le reste est ___.
- 23 ÷ 3 ? Le quotient est ___ et le reste est ___.
- 24 ÷ 3 ? Le quotient est ___ et le reste est ___.

c) Que remarques-tu ?

____

d) Dans les cas où la division tombe juste, écris les phrases mathématiques qui conviennent, avec le signe ÷ et le signe =.

____

4 Utilise l'exercice **3** pour compléter les phrases mathématiques.

3 × ___ = 18

3 × ___ + ___ = 19

3 × ___ + ___ = 20

21 = 3 × ___

22 = 3 × ___ + ___

23 = 3 × ___ + ___

5 Adèle divise un nombre par 5. Écris tous les restes qu'elle peut obtenir.

____

Séance 71 Le quotient et le reste : nombres pairs et impairs

Calcul mental Multiplier par 6 - Guide pédagogique
Exercices pp. 145-146 - Fichier photocopiable

1 Voici deux groupes de nombres.

Groupe A
12 4 18 6 20

Groupe B
19 3 11 5 17

a) Divise chaque nombre du groupe A par 2. Que remarques-tu ?

____

b) Divise chaque nombre du groupe B par 2. Que remarques-tu ?

____

c) Complète les phrases.

- Si on divise un nombre pair par 2, le reste est [ ].
- Si on divise un nombre impair par 2, le reste est [ ].
- Les nombres du groupe [ ] sont pairs.
- Les nombres du groupe [ ] sont impairs.
- 41 est un nombre ______ ; 16 est un nombre ______.

2 Observe ces représentations des nombres pairs et impairs.

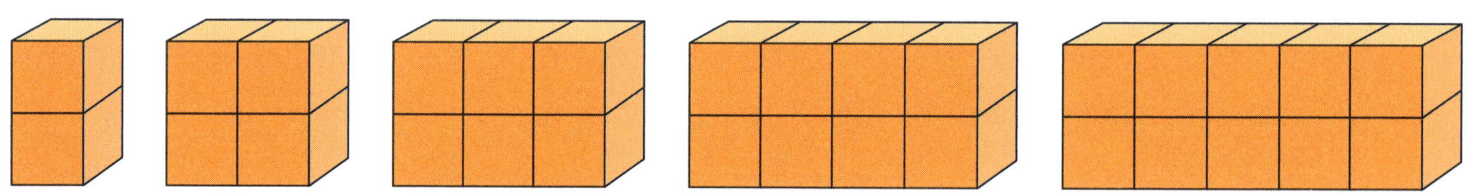

2 4 6 8 10

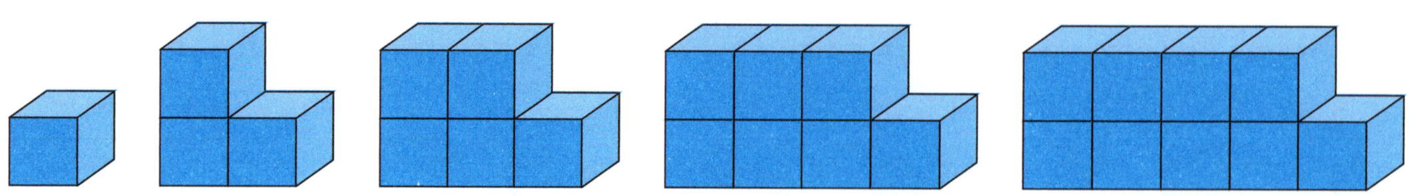

1 3 5 7 9

a) Explique le lien entre ces représentations et l'exercice **1**.

____

____

b) Écris le nombre représenté.

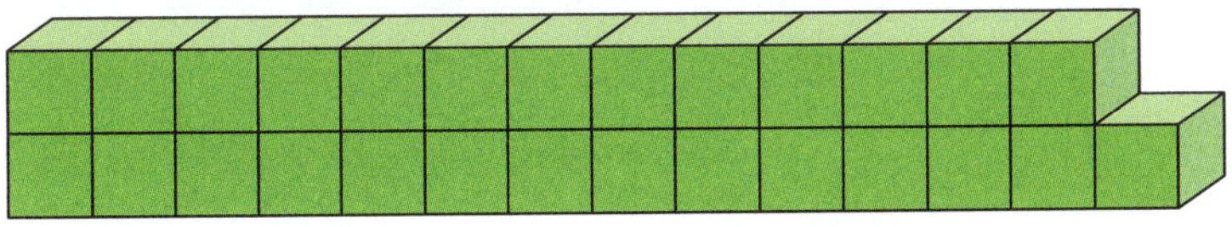

- Ce nombre est-il pair ou impair ? ______
- Complète la phrase mathématique.

☐ = 2 × ☐ + ☐

c) Écris le nombre représenté.

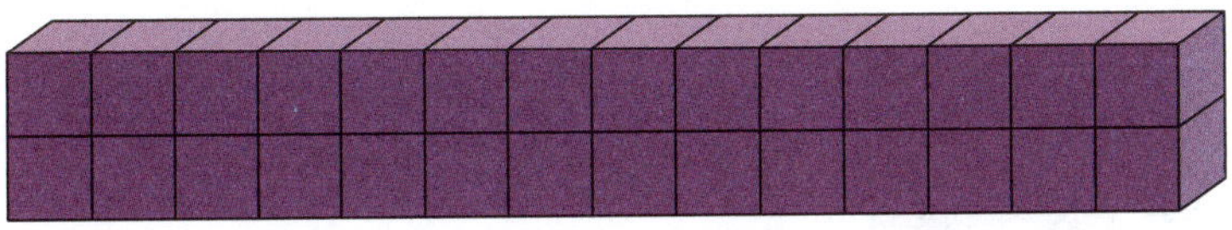

- Ce nombre est-il pair ou impair ? ______
- Complète la phrase mathématique.

☐ = 2 × ☐ + ☐

---

3 **a)** Colorie en orange les nombres pairs et en bleu les nombres impairs.

b) Écris 5 nombres pairs.

______

c) Écris 5 nombres impairs.

______

d) Qu'observes-tu au sujet du chiffre des unités des nombres pairs ?

______

______

e) Qu'observes-tu au sujet du chiffre des unités des nombres impairs ?

______

______

0	1	2	3	4	5	6	7	8	9
10	11	12	13	14	15	16	17	18	19
20	21	22	23	24	25	26	27	28	29
30	31	32	33	34	35	36	37	38	39
40	41	42	43	44	45	46	47	48	49
50	51	52	53	54	55	56	57	58	59
60	61	62	63	64	65	66	67	68	69
70	71	72	73	74	75	76	77	78	79
80	81	82	83	84	85	86	87	88	89
90	91	92	93	94	95	96	97	98	99

f) 0 est-il pair ou impair ? ______ Pourquoi ?

Séance 72 Divisons sans échange (1)

Calcul mental Multiplier par 7 - Guide pédagogique

Exercices pp. 147-148 - Fichier photocopiable

J'observe

Partage de façon égale 82 livres entre 4 classes.
Combien de livres chaque classe reçoit-elle ?
Combien de livres reste-t-il ?

82, c'est 80 + 2.
82 ÷ 4, c'est 80 ÷ 4 et 2 ÷ 4.
80 ÷ 4 = 20, il reste 2.

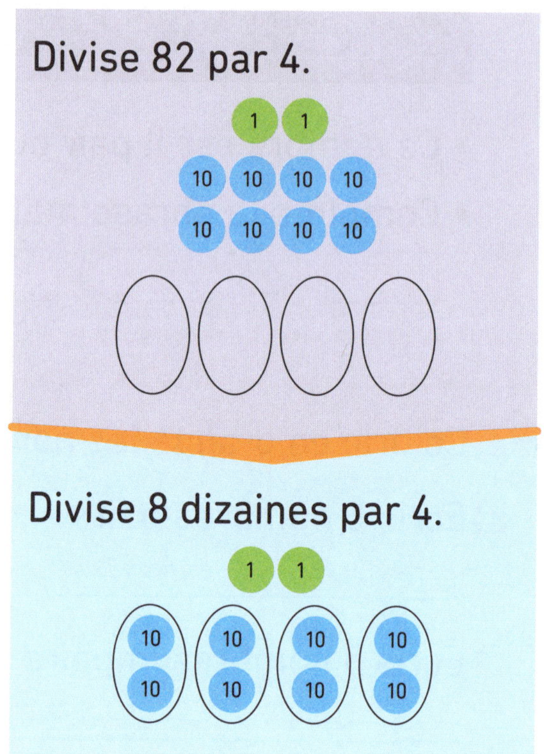

① Pose la division.

```
8 2 | 4
    |----
    |
```

② Divise les dizaines.

```
  8 2 | 4
- 8 0 | 2 0  ← 20 × 4 = 80
-----
    2 |
```

82 – 80 = 2
Il reste 2 unités.

Le quotient est 20 et le reste est 2.

Vérification : 20 × 4 + 2 = 82

Chaque classe reçoit 20 livres et il en reste 2.

1 S'il y a 84 livres à partager de façon égale entre 4 classes, quel sera le quotient et quel sera le reste ?

Le quotient sera ☐ et le reste sera ☐.

2 **a)** Sachant que 39 = 30 + 9, calcule mentalement : 39 ÷ 3 = ☐.

b) Adèle a posé la division 39 ÷ 3. Observe.

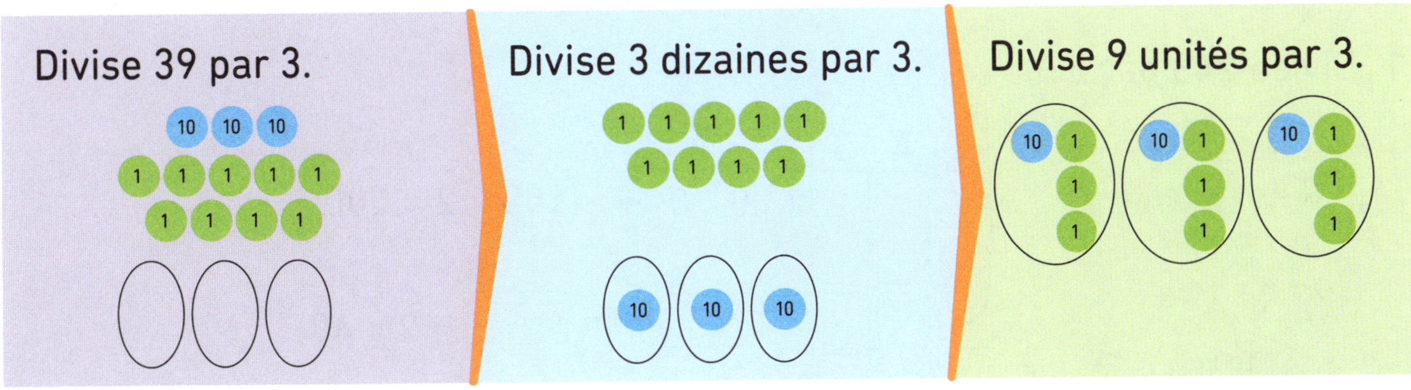

	3	9	3
−	3	0	1 0 ← 10 × 3 = 30
		9	
	−	9	3 ← 3 × 3 = 9
		0	

J'additionne : 10 + 3 = 13
donc 39 ÷ 3 = 13.
Le quotient est 13
et le reste est 0.

c) Divise comme Adèle.

	5	7	5
−	☐	☐	☐ ☐
		☐	
	−	☐	☐
		☐	

☐ + ☐ = ☐

Le quotient est ☐
et le reste est ☐.

	9	7	3
−	☐	☐	☐ ☐
		☐	
	−	☐	☐
		☐	

☐ + ☐ = ☐

Le quotient est ☐
et le reste est ☐.

3 Divise puis complète le tableau.

Calcul	48 ÷ 4	46 ÷ 4	59 ÷ 5
Quotient	☐	☐	☐
Reste	☐	☐	☐
Vérification	☐ × 4 = 48	☐ × 4 + ☐ = 46	☐ × 5 + ☐ = 59

Divisons sans échange (2)

Calcul mental Multiplier par 8 - Guide pédagogique
Exercices p. 149 - Fichier photocopiable

1 Divise 243 par 2.

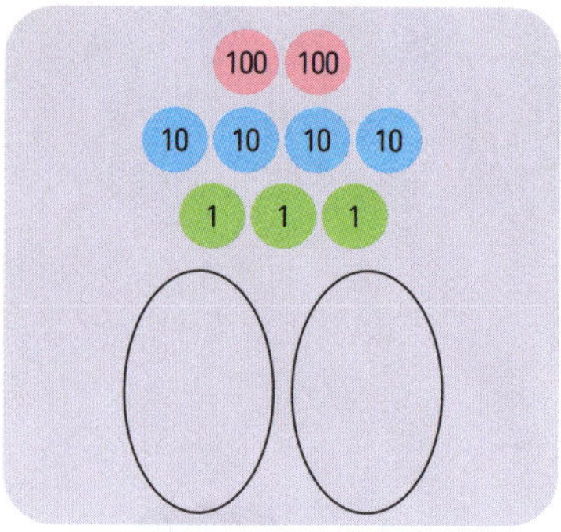


```
  2 4 3 | 2
- □ □ □ | 1 0 0  ←— 100 × 2 = 200
    □ □ |
  - □ □ |   □ □  ←— □ × 2 = 40
      □ |
    - □ |     □  ←— □ × 2 = □
      □ |
```

100 + □ + □ = □

Le quotient est □ et le reste est □.

Comment pouvais-tu savoir sans calculer que le reste serait 1 ?

2 Divise.

a)

```
  6 3 9 | 3
- □ □ □ | □ □ □
    □ □ |
  - □ □ |   □ □
      □ |
    - □ |     □
      □ |
```

□ + □ + □ = □

Le quotient est □

et le reste est □.

b)

```
  8 0 9 | 4
- □ □ □ | □ □ □
      □ |
    - □ |     □
      □ |
```

□ + □ = □

Le quotient est □

et le reste est □.

c) Pour la division qui tombe juste, complète.

□ ÷ □ = □

3 Trouve le quotient et le reste dans chaque division.

a) 4 4 7 | 4

Le quotient est ☐ et le reste est ☐.

b) 9 0 8 | 3

Le quotient est ☐ et le reste est ☐.

c) 8 4 3 | 2

Le quotient est ☐ et le reste est ☐.

4 Une usine a produit 609 pots de yaourt. Elle les regroupe en paquets de 6. Combien de paquets de 6 yaourts l'usine a-t-elle pu produire ?

Réponse : ______________________________

5 Divise mentalement.

a) 555 ÷ 5 = ☐

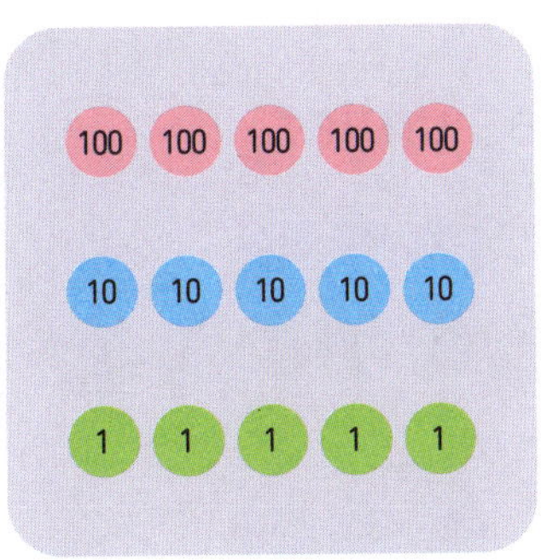

b) 153 ÷ 3 = ☐

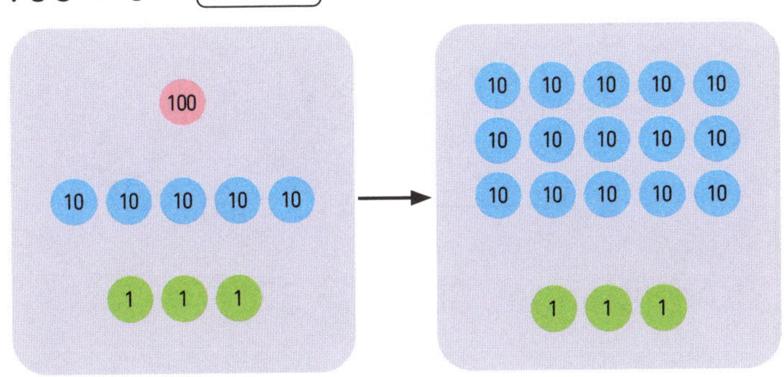

c) 468 ÷ 2 = ☐

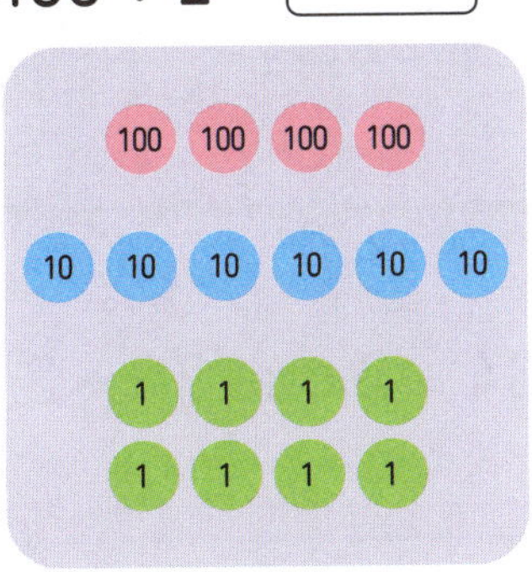

d) 164 ÷ 4 = ☐

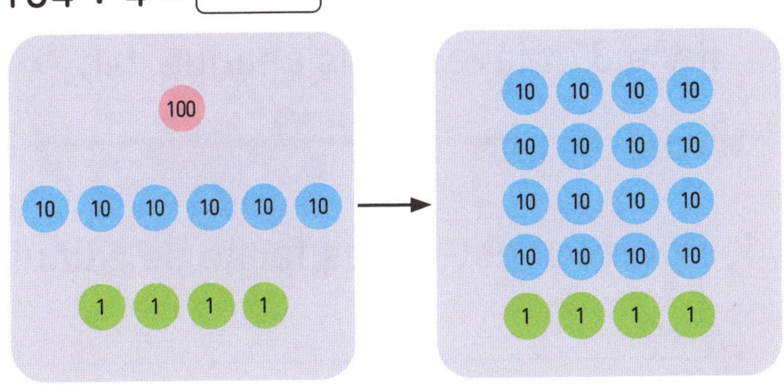

Séance 74 Divisons avec échange

Calcul mental Multiplier par 9 - Guide pédagogique

Exercices pp. 150-151 - Fichier photocopiable

J'observe

Répartis de façon égale 74 élèves dans 2 cars.
Combien d'élèves y a-t-il dans chaque car ?

① Divise les dizaines.

```
  7 4 | 2
- 6 0 | 3 0  ←— 30 × 2 = 60
  1 4 |
    ↑
    └——————— 74 – 60 = 14
```

② Échange 1 dizaine contre 10 unités :

1 dizaine et 4 unités, c'est 14 unités.

③ Divise les unités.

```
  7 4 | 2
- 6 0 | 3 0
  1 4 |
- 1 4 |    7 ←— 7 × 2 = 14
    0 |
    ↑
    └——————— 14 – 14 = 0
```

Additionne : 30 + 7 = 37.

Le reste est 0. J'écris : 74 ÷ 2 = 37.

Il y a 37 élèves dans chaque car.

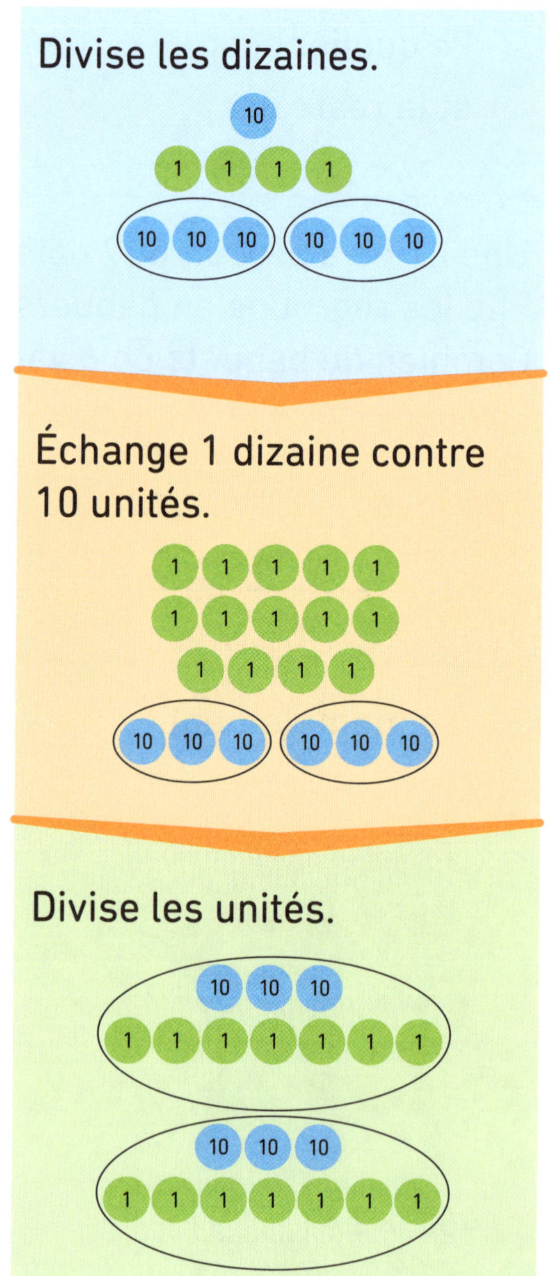

1 Pourquoi est-il plus facile de calculer mentalement 84 ÷ 2 que 74 ÷ 2 ?

2 Divise 49 par 3.

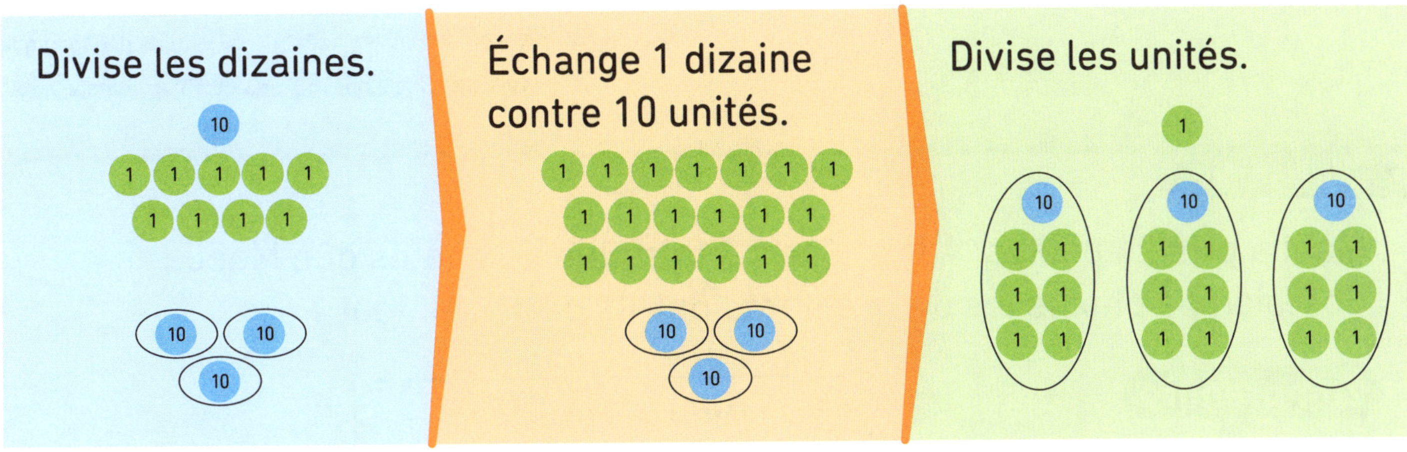

4 9	3
– ☐☐	☐☐ ← 10 × 3 = ☐
☐☐	
– ☐☐	☐ ← ☐ × 3 = ☐
☐	

10 + ☐ = ☐

Le quotient Q est ☐ et le reste R est ☐.

3 Divise.

a)

6 5	5
– ☐☐	☐☐
☐☐	
– ☐☐	☐
☐	

☐ + ☐ = ☐

Q = ☐ R = ☐

65 ÷ 5 = ☐

b)

5 8	4
– ☐☐	☐☐
☐☐	
– ☐☐	☐
☐	

☐ + ☐ = ☐

Q = ☐ R = ☐

4 Divise puis complète le tableau.

Calcul	57 ÷ 3	82 ÷ 5	57 ÷ 4
Quotient	☐	☐	☐
Reste	☐	☐	☐
Vérification	☐ × 3 = 57	☐ × 5 + ☐ = 82	☐ × 4 + ☐ = 57

Séance 75 Résolvons des problèmes (1)

Calcul mental Multiplier par 10 et 100 - Guide pédagogique

Exercices pp. 152-153 - Fichier photocopiable

J'observe

Maël a pris 24 photos. Adèle a pris 3 fois plus de photos que Maël.
Combien de photos les deux enfants ont-ils prises en tout ?

Comprendre

Qu'ont fait Maël et Adèle ?
Qui a pris le plus de photos ?
Que dois-je trouver ?

Planifier et faire

Je dessine un modèle en barres.
1 unité = 24
Nombre total d'unités : 4
Je multiplie pour trouver le tout.

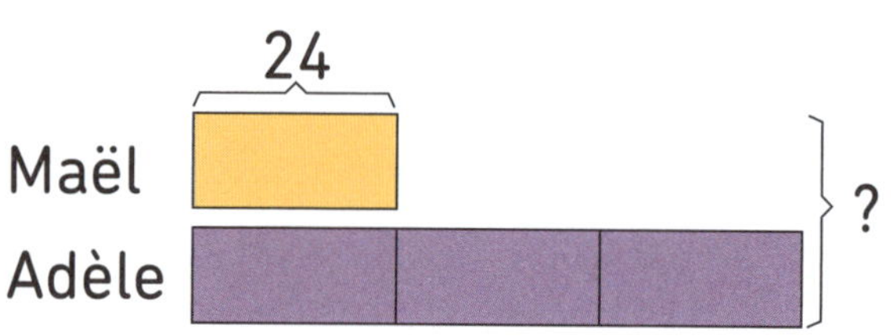


```
    2 4            1
  ×   4            2 4
  -----    ou   ×    4
    1 6         -----
    8 0            9 6
  -----
    9 6
```

$24 \times 4 = 96$

Les enfants ont pris 96 photos en tout.

Vérifier

Si Maël avait pris 20 photos, Adèle en aurait pris 60.
En tout, ils auraient pris 80 photos.
96 est donc une réponse raisonnable.

1 Alice a obtenu 14 points à un jeu.
Idris a obtenu 2 fois plus de points.
Combien de points ont-ils obtenus en tout ?

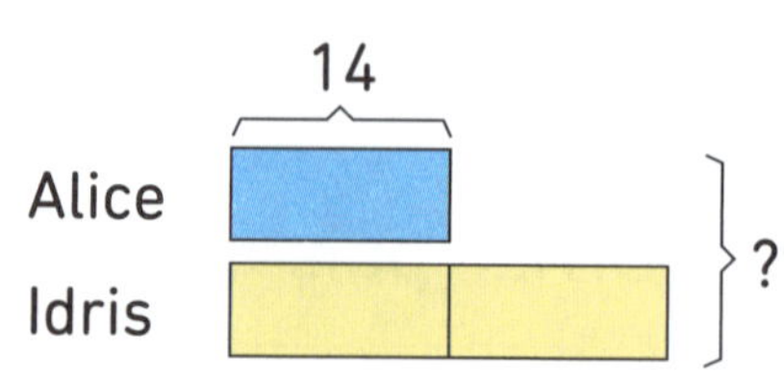

2 Une classe de CM1 et une classe de CE2 partent en sortie scolaire.
La classe de CM1 dépense 3 fois plus que la classe de CE2 pour la sortie.
La classe de CM1 dépense 153 €.
Combien dépense la classe de CE2 ?

J'observe

Inès a 98 paquets de biscuits. Elle met de côté 2 paquets et partage le reste de façon égale entre 4 groupes d'enfants.
Combien de paquets de biscuits chaque groupe d'enfants reçoit-il ?

Comprendre

Combien de paquets Inès a-t-elle distribués ?
Combien de groupes d'enfants y a-t-il ?
Que dois-je trouver ?

Planifier et faire

Je cherche le nombre de paquets à distribuer.
Je divise ensuite pour trouver le nombre de paquets que chaque groupe reçoit.

$98 - 2 = 96$

9 6	4
− 8 0	2 0
1 6	
− 1 6	4
0	

$20 + 4 = 24$

$96 \div 4 = 24$

Je peux aussi calculer mentalement.
$96 = 80 + 16$
$80 \div 4 = 20$ et $16 \div 4 = 4$
La réponse est 24.

Chaque groupe d'enfants reçoit 24 paquets de biscuits.

Vérifier

Si Inès avait distribué 100 paquets, chaque groupe en aurait reçu 25.
24 est donc une réponse raisonnable.

3 Une agence de voyage a imprimé 225 brochures et les a réparties de façon égale en 6 paquets.
Il reste 3 brochures.
Combien de brochures y a-t-il dans chaque paquet ?

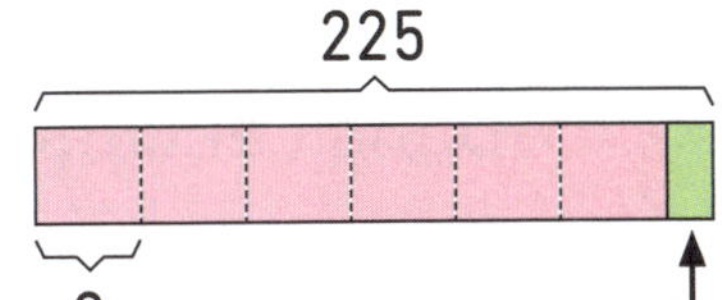

4 5 classes participent à un pique-nique. Chaque classe a payé 132 € pour la nourriture.
a) Quelle somme a été dépensée en tout pour la nourriture ?
b) Chaque élève a payé 4 €. Combien d'élèves ont participé au pique-nique ?

Séance 76 Résolvons des problèmes (2)

Calcul mental Suite d'opérations consécutives - Guide pédagogique

Exercices pp. 154-155 - Fichier photocopiable

1 Observe.

Utilise les informations des images ci-dessus pour inventer :

a) un problème pour lequel il faut faire une addition ou une soustraction ;

b) un problème pour lequel il faut faire une multiplication ou une division.

---

2 Dans une grande ferme, il y a des poules, des vaches et des araignées.
Les poules ont 2 pattes, les vaches 4 et les araignées 8.

a) Dans l'enclos A, il y a 4 poules, 3 vaches et 10 araignées.
Combien de pattes y a-t-il dans l'enclos A ?

- Nombre de pattes de poules : ☐ × ☐ = ☐
- Nombre de pattes de vaches : ☐ × ☐ = ☐
- Nombre de pattes d'araignées : ☐ × ☐ = ☐

☐ + ☐ + ☐ = ☐

Réponse : ____________________

b) Dans l'enclos B, il y a des vaches et des poules. Il y a 20 pattes en tout.
Combien de vaches et de poules y a-t-il dans l'enclos B ?
Complète le tableau. Trace une colonne pour chaque solution possible.

Nombre de vaches	4	
Nombre de poules	2	
Nombre de pattes	20	

Séance 77 Résolvons des problèmes (3)

Calcul mental Compter de 3 en 3 - Guide pédagogique
Exercices pp. 156-157 - Fichier photocopiable

1 Un théâtre a 18 sièges par rangée.
Un groupe de 50 spectateurs occupe 3 rangées.
Combien de sièges ne sont pas occupés sur ces 3 rangées ?

2 La maîtresse répartit 24 élèves en groupes égaux pour faire des ateliers.
Trouve toutes les solutions possibles.

3 Voici un quadrillage dont les petits carreaux intérieurs n'ont pas été dessinés. Complète.

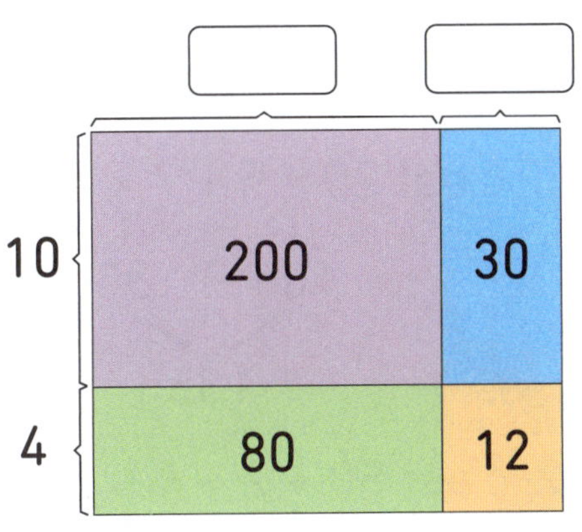

- 10 × ☐ = 200
- 10 × ☐ = 30
- 4 × ☐ = 80
- 4 × ☐ = 12

14 × ☐ = ☐ + ☐ + ☐ + ☐

Le nombre total de carreaux est ☐.

4 Une place de théâtre coûte 6 € pour un adulte et 4 € pour un enfant.
Noé dépense 40 € et achète un nombre impair de places au tarif enfant.
Trouve toutes les combinaisons possibles d'achats que Noé a pu faire.
Utilise des  pour t'aider.

Ce que j'ai appris

Calcul mental

Je peux multiplier ou diviser mentalement des dizaines, des centaines ou des milliers par un nombre en utilisant les tables de multiplication.

Exemples

- 600 × 2 = 1 200 ⟶ 6 centaines × 2 = 12 centaines
- 80 × 3 = 240 ⟶ 8 dizaines × 3 = 24 dizaines
- 120 ÷ 4 = 30 ⟶ 12 dizaines ÷ 4 = 3 dizaines
- 10 000 ÷ 5 = 2 000 ⟶ 10 milliers ÷ 5 = 2 milliers

Je peux décomposer le plus grand nombre, puis multiplier ou diviser les parties, et enfin additionner.

Exemples

- 23 × 3 = 69 ⟶ 23 = 20 et 3
  23 × 3, c'est 20 × 3 + 3 × 3
  60 + 9 = 69
- 27 × 5 = 135 ⟶ 27 = 20 et 7
  27 × 5, c'est 20 × 5 + 7 × 5
  100 + 35 = 135
- 84 ÷ 2 = 42 ⟶ 84 = 80 et 4
  84 ÷ 2, c'est 80 ÷ 2 + 4 ÷ 2
  40 + 2 = 42
- 164 ÷ 4 = 41 ⟶ 164 = 160 et 4
  164 ÷ 4, c'est 160 ÷ 4 + 4 ÷ 4
  40 + 1 = 41

Explorons pp. 158-159 - Fichier photocopiable

Mon journal p. 160 - Fichier photocopiable

Calcul posé

Quand je multiplie des nombres, j'obtiens un **produit**.

Exemples

```
   1 5          1
 ×   3    ou    1 5
 -----        ×   3
   1 5        -----
   3 0          4 5
 -----
   4 5
```

45 est le produit de 15 par 3.

```
   2 1 5              2
 ×     4    ou    2 1 5
 -------        ×     4
     2 0        -------
     4 0          8 6 0
   8 0 0
 -------
   8 6 0
```

860 est le produit de 215 par 4.

Quand je divise des nombres, j'obtiens un **quotient**. Parfois, j'obtiens également un **reste**.

Exemples

```
   2 4 | 2
 - 2 0 |----
 ----- | 1 0
     4 |
   - 4 |   2
   --- |
     0 |
```

10 + 2 = 12
Le reste est 0
donc on écrit : 24 ÷ 2 = 12.

```
   5 8 | 4
 - 4 0 |----
 ----- | 1 0
   1 8 |
 - 1 6 |   4
 ----- |
     2 |
```

10 + 4 = 14
Le quotient est 14
et le reste est 2.

Les nombres pairs et impairs

Un nombre **pair** est un nombre dont le reste est 0 lorsqu'il est divisé par 2.
Exemples : 0, 2, 4, 6, 8, 10, 12, 14, 16...

Un nombre **impair** est un nombre dont le reste est 1 lorsqu'il est divisé par 2.
Exemples : 1, 3, 5, 7, 9, 11, 13, 15...

Unité

9 Les mesures

Séance 79 Revoyons les mesures connues

Calcul mental Ajouter/soustraire 7 ou 8 - Guide pédagogique

Exercices pp. 161-162 - Fichier photocopiable

J'observe

Quelles sont les mesures que tu peux réaliser avec ce seau ?

1 a) Relie la grandeur à l'unité de mesure qui convient.

la masse	la longueur	le prix	la durée	la contenance
•	•	•	•	•
•	•	•	•	•
le mètre	l'euro	le litre	le gramme	l'heure

b) Cite d'autres unités de mesure pour chaque grandeur.

Séance 80 Mesurons les longueurs en mètres et en centimètres

Calcul mental Ajouter/soustraire 10, 100 ou 1 000 - Guide pédagogique

Exercices p. 163 - Fichier photocopiable

J'observe

1 m = 100 cm

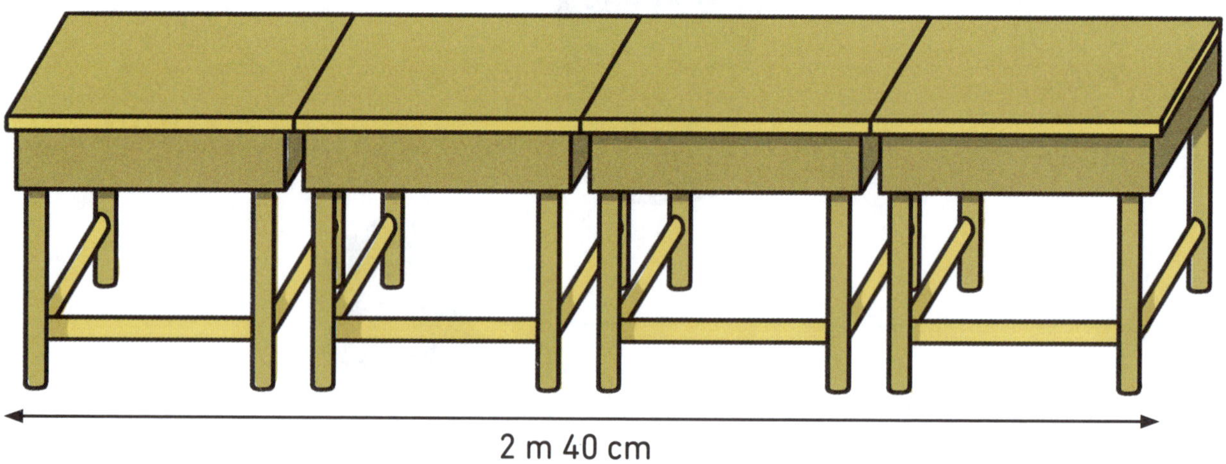

Adèle, Maël, Alice et Idris ont accolé leurs 4 bureaux.
La longueur totale est de 2 m 40 cm ou 240 cm.

2 m → 200 cm ; 40 cm → 40 cm ; 200 cm + 40 cm → 240 cm

Pourquoi les mathématiciens ont-ils choisi le mot « centimètre » ?

1 Accole ton bureau à celui de ton voisin.

a) Estime la longueur totale en m.

b) Mesure la longueur totale en m et cm à l'aide d'un mètre ruban.
La longueur des deux bureaux accolés est de ☐ m ☐ cm.

2 Adèle, Idris et Maël se rendent à un concert par différents moyens de transport.

a) Adèle monte dans un taxi.

La longueur du taxi est d'environ 4 m, soit ☐ cm.

b) Idris prend son vélo.

1 m 20 cm
= 100 cm + ☐ cm
= ☐ cm

c) Maël est conduit par son père.

145 cm
= ☐ cm + 45 cm
= ☐ m ☐ cm

Séance 81 Mesurons les longueurs en centimètres et en millimètres

Calcul mental Familles des nombres 8 et 80 - Guide pédagogique

Exercices p. 164 - Fichier photocopiable

J'observe

Le **millimètre** est une unité de longueur plus petite que le centimètre.
On écrit « **mm** » pour millimètre.

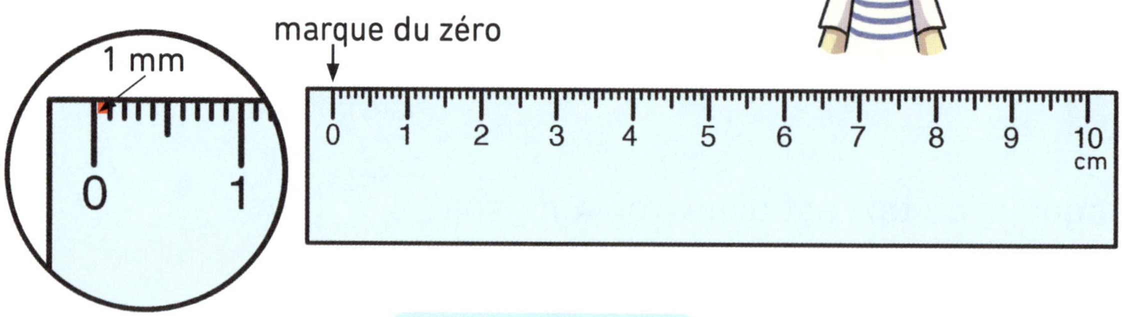

1 cm = 10 mm

L'épaisseur de chaque objet mesure :

environ 1 mm

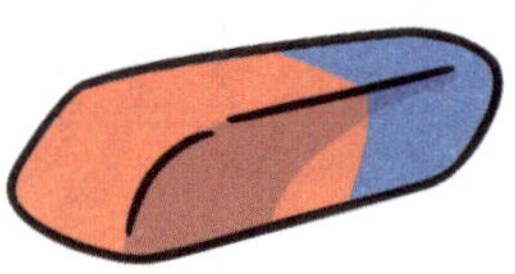

plus de 1 mm

moins de 1 mm

Les millimètres permettent de mesurer de très petites longueurs plus précisément que les centimètres.

Pourquoi les mathématiciens ont-ils choisi le mot « millimètre » ?

1 Mesure la longueur indiquée par chaque double flèche puis complète.

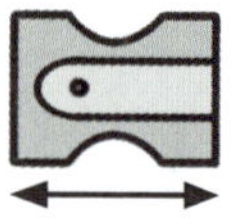

Commence à mesurer à partir de la marque du zéro de ta règle.

L'agrafe mesure ☐ mm.
Le taille-crayon mesure ☐ mm.
L'agrafe mesure ☐ mm de moins que le taille-crayon.
Le taille-crayon mesure ☐ mm de plus que l'agrafe.

2 Mesure la longueur de chaque segment en mm.

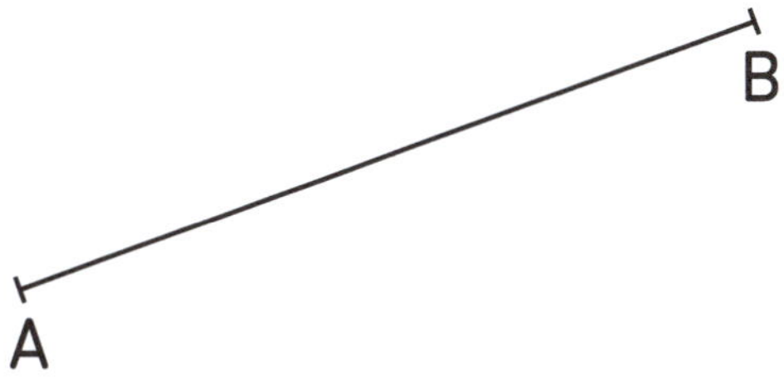

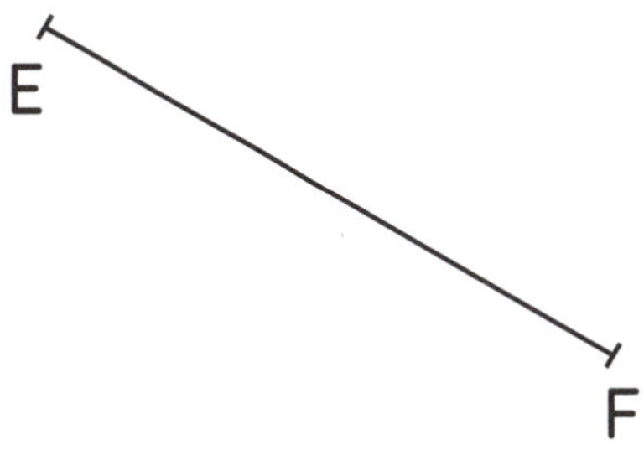

Le segment [AB] mesure ☐ mm.

Le segment [CD] mesure ☐ mm.

Le segment [EF] mesure ☐ mm.

3 **a)** Mesure la longueur et l'épaisseur du crayon en mm.

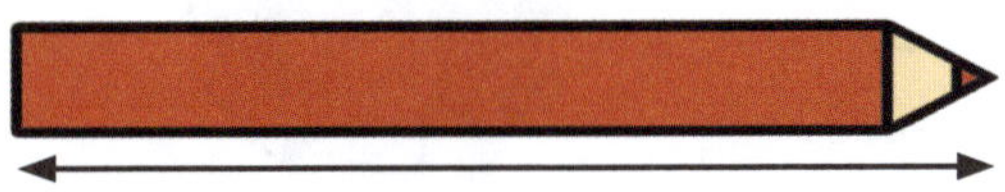

La longueur du crayon est de ☐ mm.

L'épaisseur du crayon est de ☐ mm.

b) Mesure la longueur et l'épaisseur en mm d'un autre objet de ta trousse.

4 **a)** Trouve et dessine 2 objets de ta classe dont la longueur est supérieure à 50 cm.

b) Trouve et dessine 2 objets de ta classe dont l'épaisseur est inférieure à 10 mm.

Supérieur veut dire « plus grand que ».
Inférieur veut dire « plus petit que ».

Mesurons les longueurs en mètres, en décimètres, en centimètres et en millimètres

Calcul mental Additionner sur la droite numérique - Guide pédagogique
Exercices p. 165 - Fichier photocopiable

J'observe

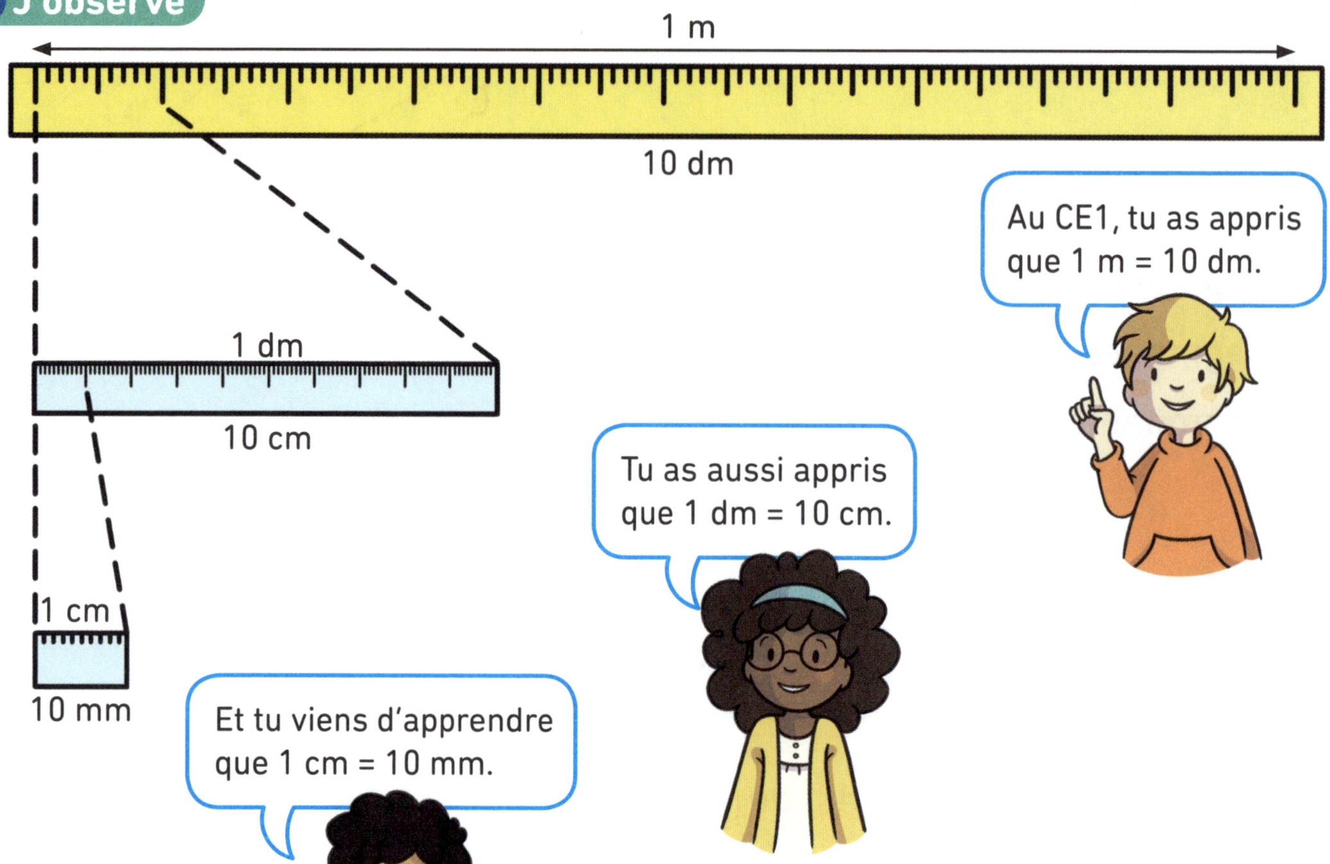

Pourquoi les mathématiciens ont-ils choisi le mot « décimètre » ?

1 La règle bleue est graduée en cm. Complète les mesures.

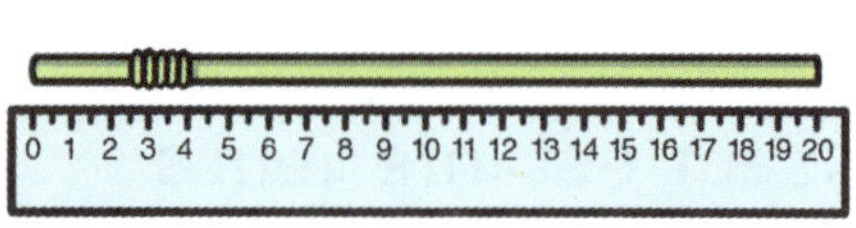

La longueur de la paille est de ____ dm ou ____ cm ou ____ mm.

La longueur de la clé est de ____ cm ou ____ mm.

2 Relie l'objet à la longueur qui te semble raisonnable.

longueur d'une brosse à dents	hauteur d'une porte	longueur d'un trombone
•	•	•
•	•	•
1 cm 9 mm	1 m 9 dm	1 dm 9 cm

3 Observe un mètre ruban ou une règle mesurant un mètre.

a) Combien y a-t-il de dm dans 1 m ? ☐

b) Combien y a-t-il de cm dans 1 m ? ☐

c) Combien y a-t-il de mm dans 1 m ? ☐

4 Complète les mesures.

a) 2 m 5 dm = ☐ dm + 5 dm = ☐ dm

b) 7 m 27 cm = ☐ cm + 27 cm = ☐ cm

c) 9 m 6 cm = ☐ cm + 6 cm = ☐ cm

d) 2 m 72 mm = ☐ mm + 72 mm = ☐ mm

e) 4 m 7 mm = ☐ mm + 7 mm = ☐ mm

5 Adèle a mesuré la longueur de son feutre avec une règle cassée.

a) Quelle est la longueur du feutre en cm et mm ?
La longueur du feutre est de ☐ cm ☐ mm.

b) Quelle est la longueur du feutre en mm ?
La longueur du feutre est de ☐ mm.

Séance 83 Mesurons les longueurs en kilomètres et en mètres

Calcul mental Soustraire sur la droite numérique - Guide pédagogique

Exercices p. 166 - Fichier photocopiable

J'observe

Idris traverse un terrain de football.

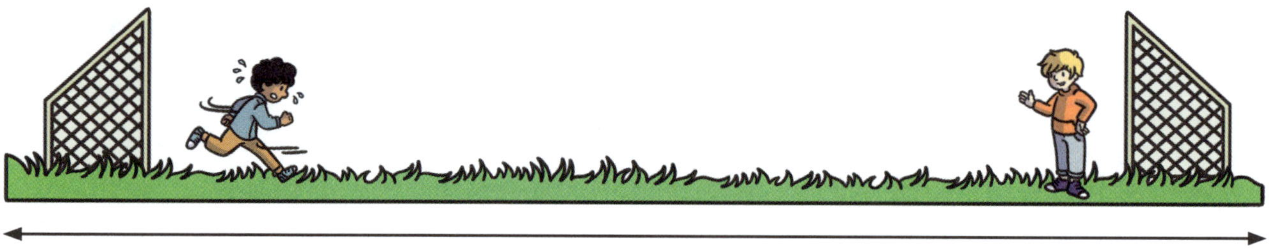

environ 100 m

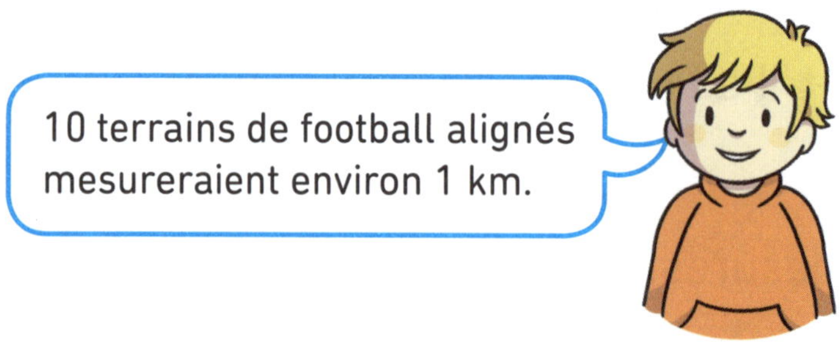

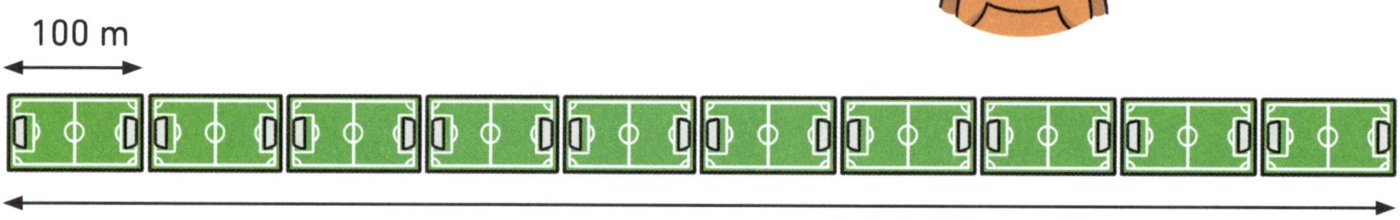

1 km = 10 × 100 m ou 1 km = 1 000 m

Le **kilomètre** est une unité qui permet de mesurer de grandes distances.

À ton avis, que signifie le préfixe « kilo » ?

1 Complète.

a) 20 terrains de football alignés mesureraient ☐ km.

b) 50 terrains de football alignés mesureraient ☐ km.

c) ☐ terrains de football alignés mesureraient 10 km.

d) ☐ terrains de football alignés mesureraient 100 km.

J'observe

Adèle est rentrée de l'école à pied.
Elle a marché 1 km et 650 m.

On écrit 1 km 650 m.

On peut aussi écrire 1 650 m.

1 km = 1 000 m

1 km 650 m = 1 000 m + 650 m

La distance entre la maison d'Alice et la gare est de 8 029 m.

On peut aussi écrire 8 km 29 m.

8 km 29 m et 8 029 m sont des **mesures équivalentes**.

8 029 m = 8 000 m + 29 m

8 000 m = 8 km

2 Exprime les longueurs en mètres.

a) 5 km 236 m = ____ m
b) 4 km 400 m = ____ m
c) 2 km 80 m = ____ m
d) 1 km 9 m = ____ m
e) 6 km 40 m = ____ m
f) 9 km = ____ m

3 Exprime les longueurs en kilomètres et mètres.

a) 2 275 m = ____ km ____ m
b) 6 500 m = ____ km ____ m
c) 1 030 m = ____ km ____ m
d) 7 900 m = ____ km ____ m
e) 4 007 m = ____ km ____ m
f) 9 020 m = ____ km ____ m

4 Complète avec l'unité manquante : *mm, cm, dm, m* ou *km*.

a) La longueur d'une piscine est d'environ 50 ____.
b) Un bébé mesure environ 50 ____ de long.
c) La distance de Brest à Strasbourg est d'environ 1 000 ____.
d) Une fourmi mesure environ 5 ____ de long.
e) La longueur d'un bureau d'élève est d'environ 6 ____.

Séance 84 Mesurons les masses en kilogrammes et en grammes (1)

Calcul mental Additionner deux nombres - Guide pédagogique

Exercices pp. 167-168 - Fichier photocopiable

J'observe

1 kg = 1 000 g

La masse des melons est de 1 kg et 500 g. On écrit 1 kg 500 g.

1 Trouve un objet plus léger qu'un kilo.
Trouve un objet plus lourd qu'un kilo.

2 Observe les cadrans, lis les mesures puis complète avec les masses.

1 kg = 1 000 g
1 kg est divisé en 10 parties égales.
1 partie vaut 100 g.

a)

☐ kg ☐ g

b)

☐ kg ☐ g

1 kg = 1 000 g
1 kg est divisé en 20 parties égales.
1 partie vaut 50 g.

c)

☐ kg ☐ g

d)

☐ kg ☐ g

Un objet a toujours la même masse, quelle que soit la balance utilisée.

Séance 85 Mesurons les masses en kilogrammes et en grammes (2)

Calcul mental Soustraire deux nombres - Guide pédagogique

Exercices p. 169 - Fichier photocopiable

1 Estime puis mesure chaque masse.

	Masse estimée	Masse réelle
 enfant de 8 ans	☐ kg	☐ kg
 cartable rempli	☐ kg ☐ g	☐ kg ☐ g
 trousse	☐ g	☐ g
 boîte de craies	☐ g	☐ g
 paire de ciseaux	☐ g	☐ g

2 Complète.

a)

Il faut ajouter ____ g
pour obtenir 1 kg.

b)

Il faut ajouter ____ g
pour obtenir 1 kg.

c)

Il faut ajouter ____ g
pour obtenir 2 kg.

d)

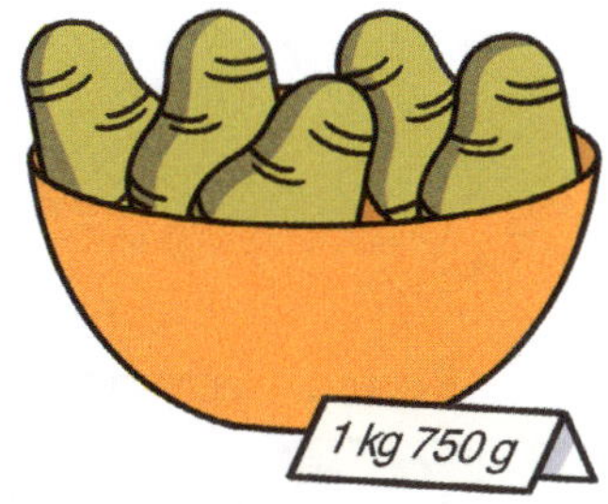

Il faut ajouter ____ g
pour obtenir 3 kg.

---

3 Exprime les masses avec des mesures équivalentes.

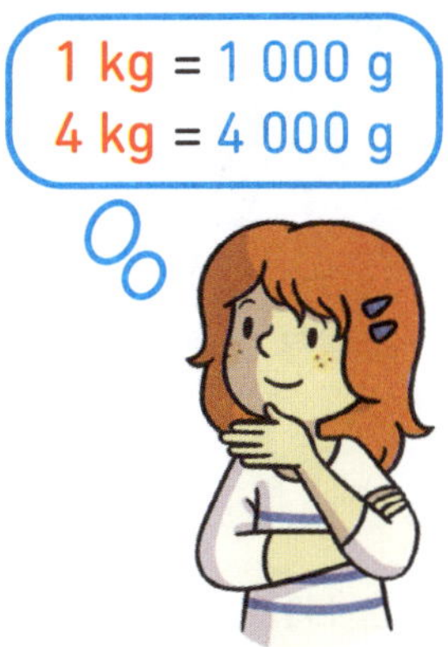

a) Alice a récolté 4 kg 755 g de pommes.

4 kg 755 g = ____ g + ____ g = ____ g

b) Adèle a acheté 1 235 g de prunes.

1 235 g = ____ g + ____ g = ____ kg ____ g

---

4 a) Exprime les masses en grammes.

- 7 kg = ____ g
- 5 kg 500 g = ____ g
- 9 kg 50 g = ____ g
- 4 kg 5 g = ____ g

b) Exprime les masses en kilogrammes et grammes.

- 5 335 g = ____ kg ____ g
- 6 000 g = ____ kg ____ g
- 5 009 g = ____ kg ____ g
- 2 040 g = ____ kg ____ g

Séance 86 Mesurons les masses en tonnes et en kilogrammes

Calcul mental Transformer une addition - Guide pédagogique
Exercices p. 170 - Fichier photocopiable

J'observe

Voici des piles de sacs de ciment. La masse de 1 sac est de 100 kg.

La **tonne** est une unité de masse bien plus grande que le kilogramme.
On écrit « **t** » pour tonne.

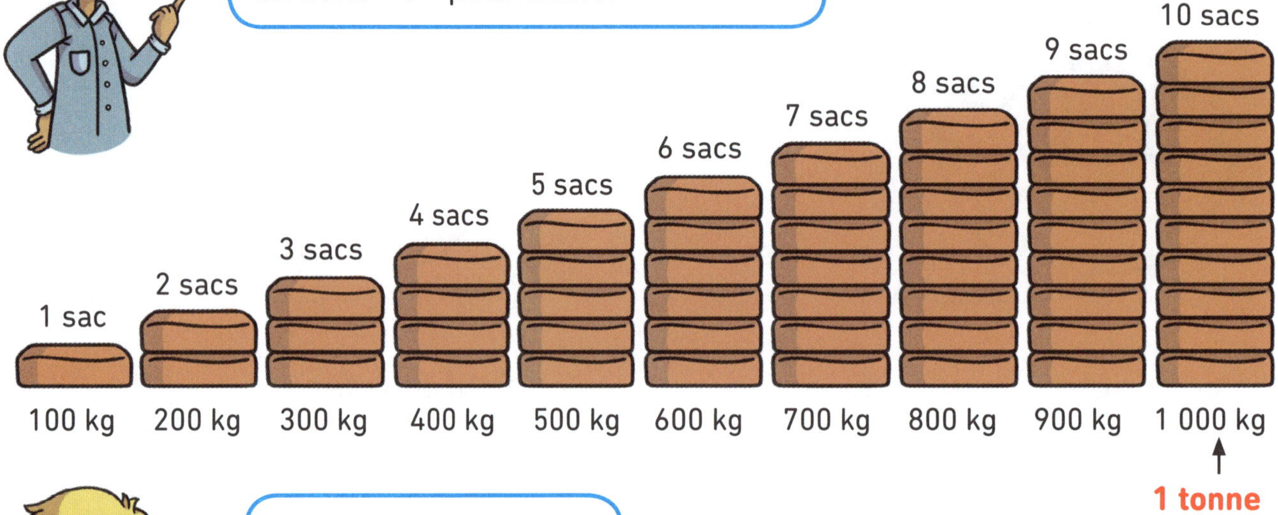

Compte de 100 en 100 pour trouver la masse, en kg, de chaque pile.

1 t = 1 000 kg

La masse de la voiture des parents d'Alice est de 1 t et 245 kg.
On écrit 1 t 245 kg.

1 Complète avec le nombre d'animaux pour obtenir une masse de 1 tonne.

100 kg

200 kg

500 kg

[ ] moutons [ ] gorilles [ ] vaches

2 Exprime les masses avec des mesures équivalentes.

a) La masse d'un éléphant est de 5 t 400 kg.

5 t 400 kg = ___ kg + ___ kg = ___ kg

b) La masse d'un hippopotame est de 3 520 kg.

3 520 kg = ___ kg + ___ kg

= ___ t ___ kg

3 **a)** Exprime les masses en kilogrammes.

- 7 t = ___ kg
- 1 t 45 kg = ___ kg
- 6 t 800 kg = ___ kg
- 9 t 4 kg = ___ kg

b) Exprime les masses en tonnes et kilogrammes.

- 5 850 kg = ___ t ___ kg
- 3 004 kg = ___ t ___ kg
- 4 000 kg = ___ t ___ kg
- 7 090 kg = ___ t ___ kg

4 **a)** Entoure le bloc le plus lourd puis complète.

Il faut ajouter un bloc de ___ kg pour obtenir une masse totale de 3 t.

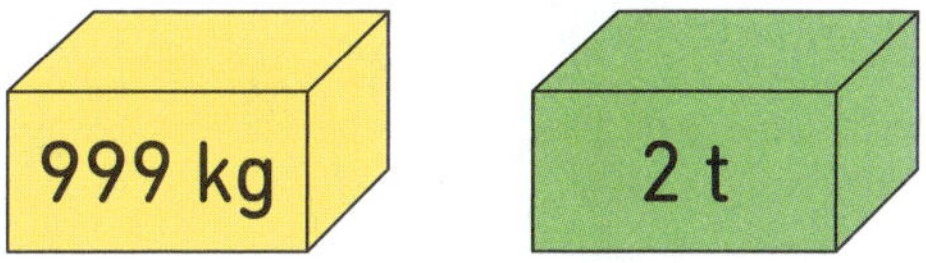

b) Entoure le bloc le plus léger puis complète.

Il faut ajouter un bloc de ___ t ___ kg pour obtenir une masse totale de 10 t.

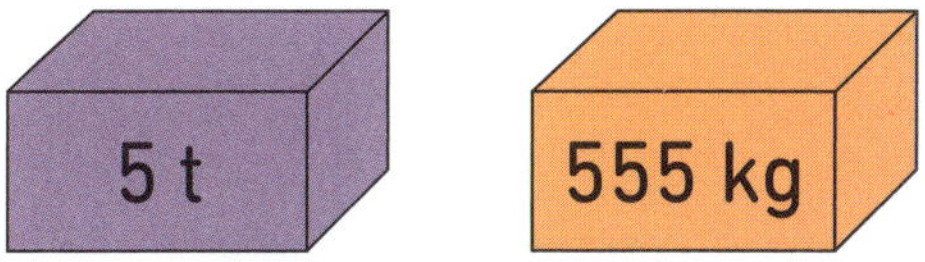

5 Complète la mesure avec l'unité de masse qui convient : *g*, *kg* ou *t*.

1 ______

2 ______

10 ______

30 ______

Séance 87 Mesurons les contenances en litres et en millilitres

Calcul mental Transformer une soustraction - Guide pédagogique

Exercices p. 171 - Fichier photocopiable

J'observe

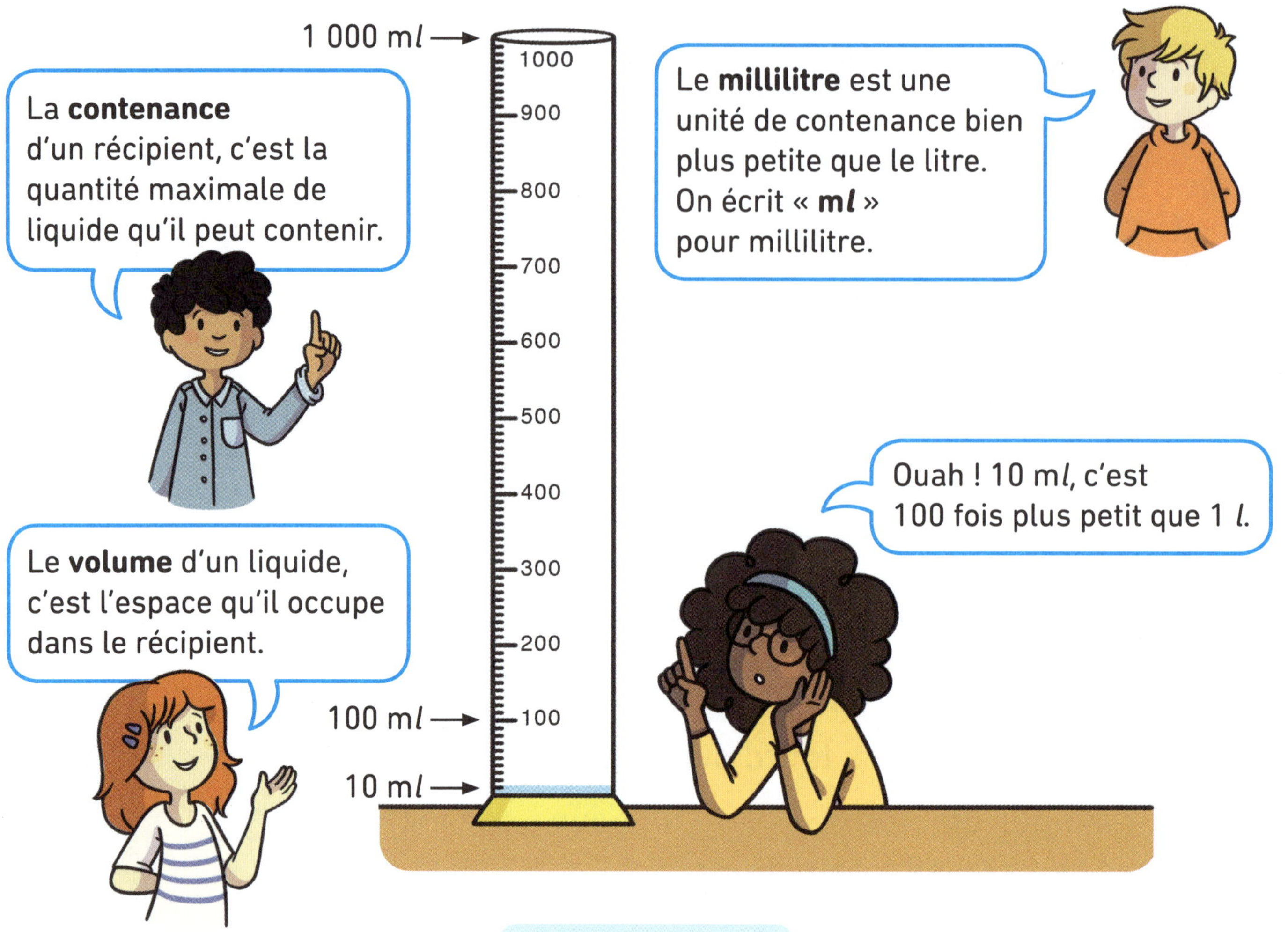

1 000 m*l* = 1 *l*

1 Une cuillère à dessert contient 5 m*l* d'eau. 20 gouttes d'eau font 1 m*l*.
Combien de gouttes d'eau y a-t-il dans une cuillère à dessert ? ☐

---

2 Trouve le volume d'eau en m*l* dans chaque série de béchers.

a)

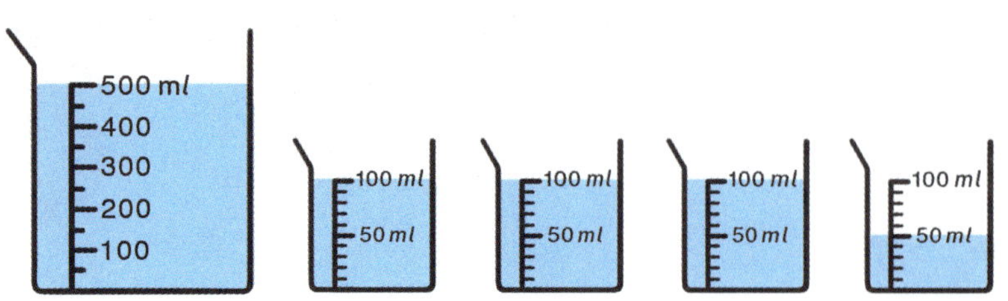

500 m*l* + 300 m*l* + 50 m*l*
= ☐ m*l*

b)

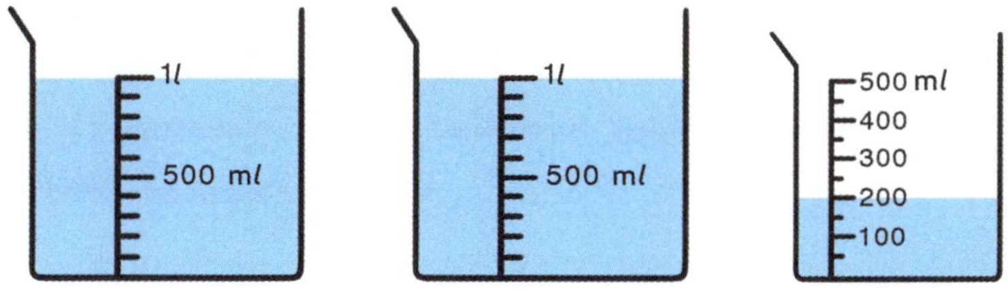

____ l ____ ml

3 Quel volume d'eau en ml faut-il ajouter pour obtenir 1 l ?

a)

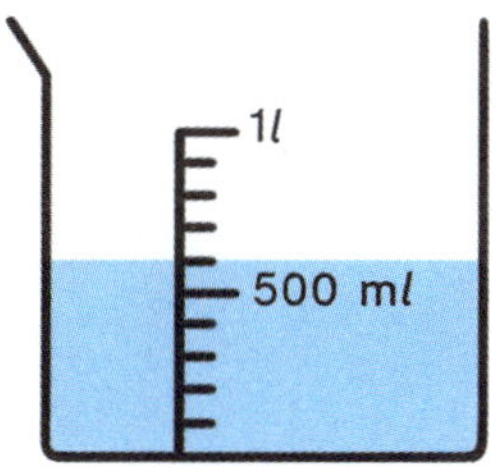

Il faut ajouter ____ ml.

b)

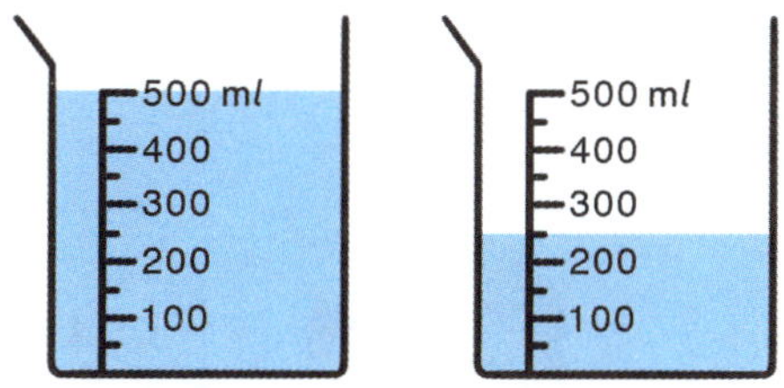

Il faut ajouter ____ ml.

4 Exprime les contenances avec des mesures équivalentes.

1 l = 1 000 ml
4 l = 4 000 ml

a) Un bidon peut contenir 4 l 217 ml d'eau.

4 l 217 ml = ____ ml + ____ ml = ____ ml

b) 2 l 300 ml = ____ ml + ____ ml = ____ ml

c) Une carafe peut contenir 1 425 ml d'eau.

1 425 ml = ____ ml + ____ ml = ____ l ____ ml

d) 3 500 ml = ____ ml + ____ ml = ____ l ____ ml

5 **a)** Exprime les contenances en millilitres.

- 7 l = ____ ml
- 2 l 125 ml = ____ ml
- 3 l 38 ml = ____ ml
- 6 l 5 ml = ____ ml

b) Exprime les contenances en litres et millilitres.

- 8 000 ml = ____ l ____ ml
- 1 235 ml = ____ l ____ ml
- 5 005 ml = ____ l ____ ml
- 4 080 ml = ____ l ____ ml

Séance 88 Mesurons les contenances en décilitres et en centilitres

Calcul mental Les doubles et les presque-doubles - Guide pédagogique

Exercices p. 172 - Fichier photocopiable

J'observe

Au CE1, tu as découvert le litre (*l*).

Maintenant, tu connais aussi le millilitre (m*l*).

Le **décilitre** et le **centilitre** sont deux autres unités de contenance. On écrit « **d*l*** » pour décilitre et « **c*l*** » pour centilitre.

1 *l* = 10 d*l*
1 d*l* = 10 c*l*

flacon
1 c*l*

C'est comme pour le mètre.
1 m = 10 dm
1 dm = 10 cm

verre
1 d*l*

1 Complète les mesures de contenance.

a)

Quelle est la contenance de 4 flacons ?
☐ c*l*

b)

Quelle est la contenance de 2 verres ?
☐ d*l* ou ☐ c*l*

2 Exprime les contenances avec des mesures équivalentes.

a) Une gourde peut contenir 2 dl 7 cl d'eau.

2 dl 7 cl = ☐ cl + ☐ cl = ☐ cl

b) Une canette peut contenir 33 cl de soda.

33 cl = ☐ cl + ☐ cl = ☐ dl ☐ cl

3 **a)** Exprime les contenances en centilitres.

- 10 dl = ☐ cl
- 3 dl 5 cl = ☐ cl
- 5 dl 3 cl = ☐ cl
- 48 dl 12 cl = ☐ cl

b) Exprime les contenances en décilitres et centilitres.

- 39 cl = ☐ dl ☐ cl
- 800 cl = ☐ dl ☐ cl
- 409 cl = ☐ dl ☐ cl
- 1 021 cl = ☐ dl ☐ cl

4 Un récipient miniature a la taille d'un cube unité.
Sa contenance est de 1 ml.

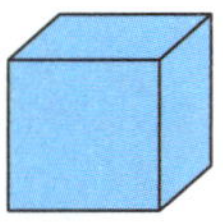
1 ml

Complète les mesures. Utilise des 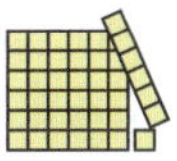 pour t'aider.

☐ cl

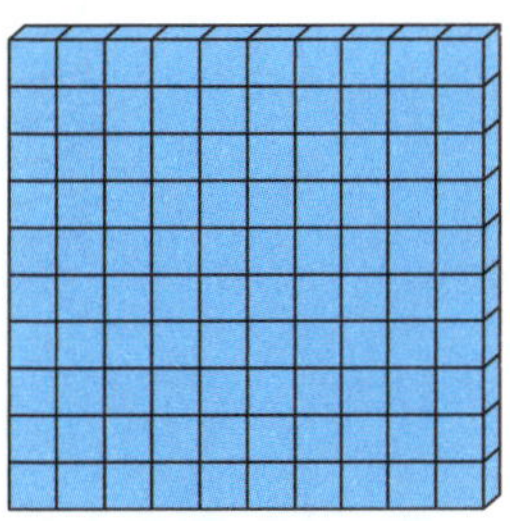
☐ dl

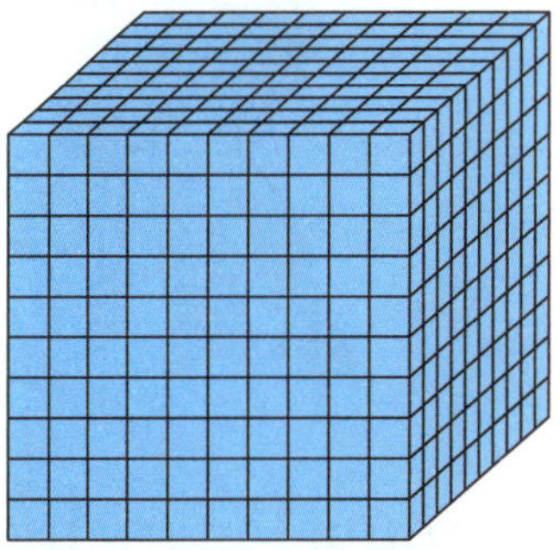
☐ dl

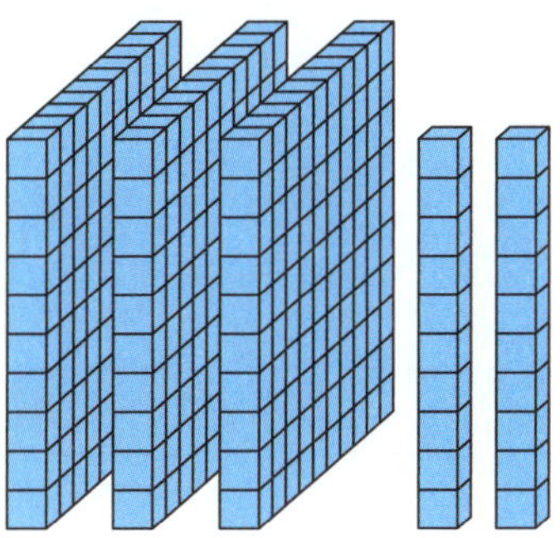
32 ______

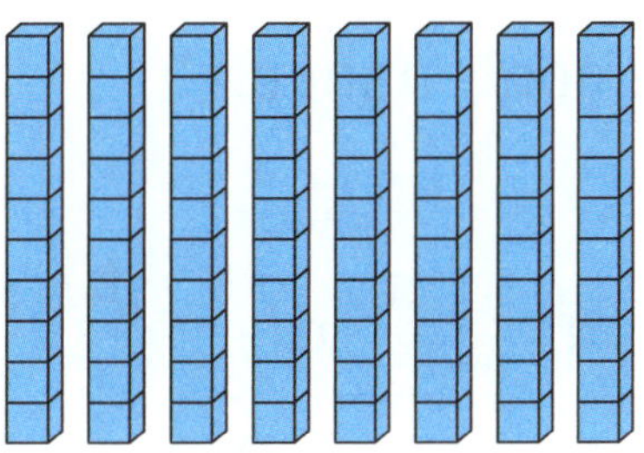
80 ______

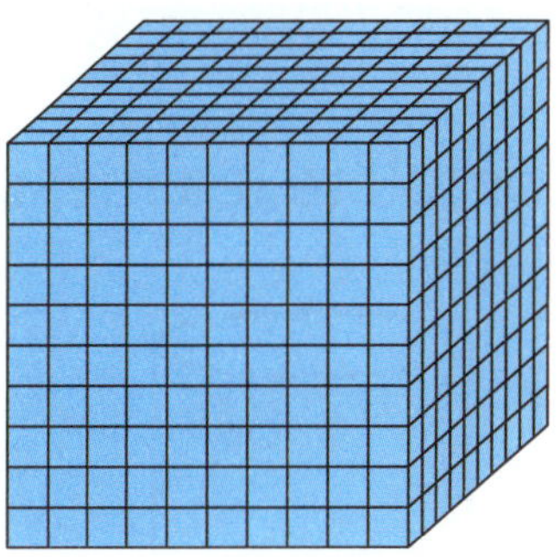
100 ______

Séance 89 Mesurons les contenances en litres, en décilitres, en centilitres et en millilitres

Calcul mental Décomposer un nombre (1) - Guide pédagogique

Exercices p. 173 - Fichier photocopiable

J'observe

Tu as appris au CE1 que la contenance du cube de mille est de 1 *l*.

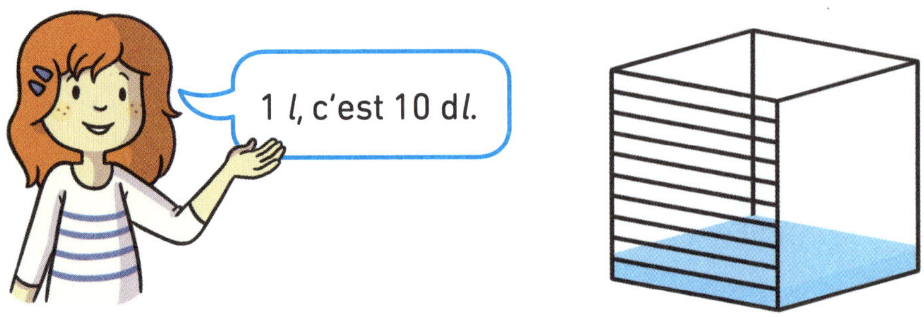

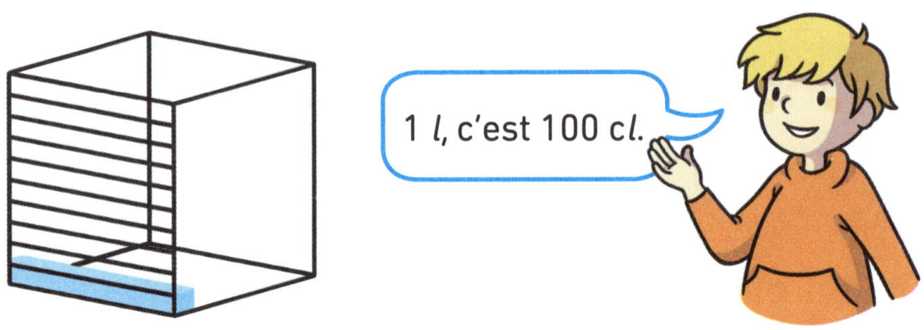

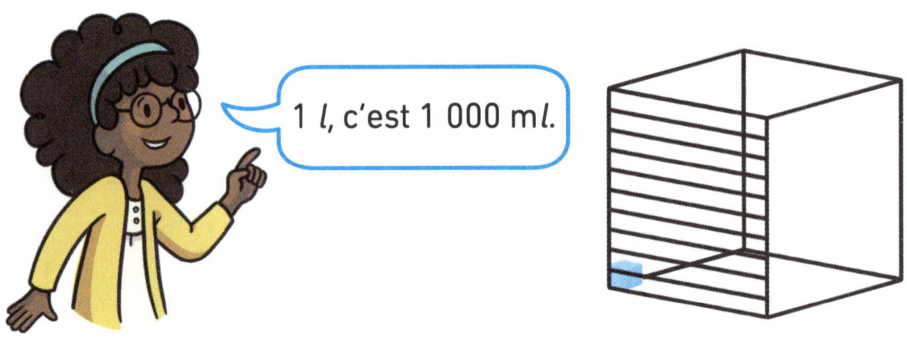

Pourquoi les mathématiciens ont-ils choisi les mots « décilitre », « centilitre » et « millilitre » ?

1 Complète les mesures de contenance.

a) 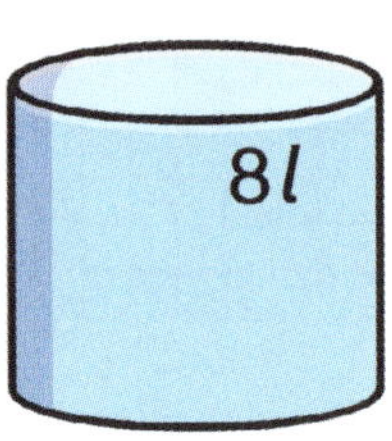

☐ *l* ou ☐ d*l*
☐ c*l* ou ☐ m*l*

b) 

☐ *l* ou ☐ d*l*
☐ c*l* ou ☐ m*l*

2 Estime la contenance de chaque objet.

 ____ cl

____ dl

 ____ l

---

3 Complète les contenances avec des mesures équivalentes.

a) 2 l = ____ dl

b) 2 l 1 dl = ____ dl + 1 dl
= ____ dl

c) 2 l 29 cl = ____ cl + 29 cl
= ____ cl

d) 2 l 55 ml = ____ ml + 55 ml
= ____ ml

e) 50 dl = ____ l

f) 72 dl = ____ dl + 2 dl
= ____ l 2 dl

g) 407 cl = ____ cl + 7 cl
= ____ l 7 cl

h) 7 010 ml = ____ ml + ____ ml
= ____ l ____ ml

---

4 Complète la mesure avec l'unité de contenance qui convient : *l*, *dl*, *cl* ou *ml*.

un verre d'eau

10 ____

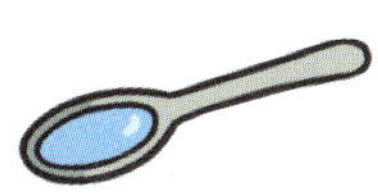

une cuillère à dessert

5 ____

une brique de jus

250 ____

un dé à coudre

4 ____

un bol à soupe

3 ____

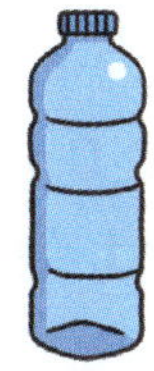

une bouteille d'eau

2 ____

Séance 90 Résolvons des problèmes (1)

Calcul mental Décomposer un nombre (2) - Guide pédagogique

Exercices p. 174 - Fichier photocopiable

1 Un cycliste part de la ville A pour aller à la ville C. Il passe en chemin par la ville B.

a) Quelle est la distance totale parcourue par le cycliste ?

b) De combien de kilomètres la distance entre les villes A et B est-elle plus grande que la distance entre les villes B et C ?

2 Elias marche 560 m jusqu'à l'arrêt de bus. Il monte ensuite dans un bus pour rejoindre le centre commercial. La distance parcourue en bus est supérieure de 1 750 m à la distance parcourue à pied.
Quelle est la distance totale en mètres parcourue par Elias ?

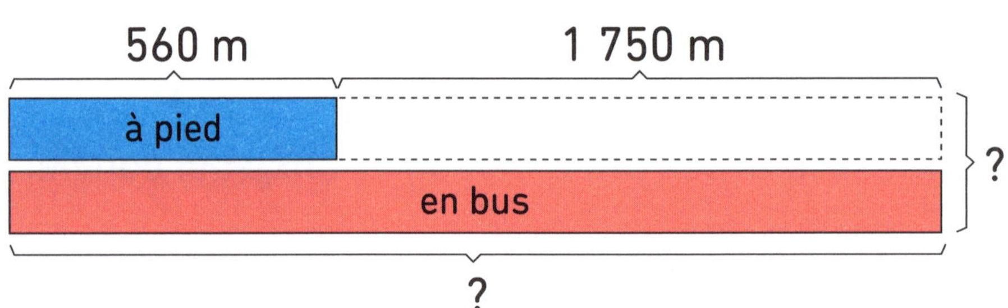

a) Distance parcourue en bus : 560 m + 1 750 m = ☐ m

b) Distance totale : 560 m + ☐ m = ☐ m

3 La masse d'une papaye est de 1 700 g.
Cette masse est 480 g plus lourde que la masse d'un melon.
Quelle est la masse totale des deux fruits ?

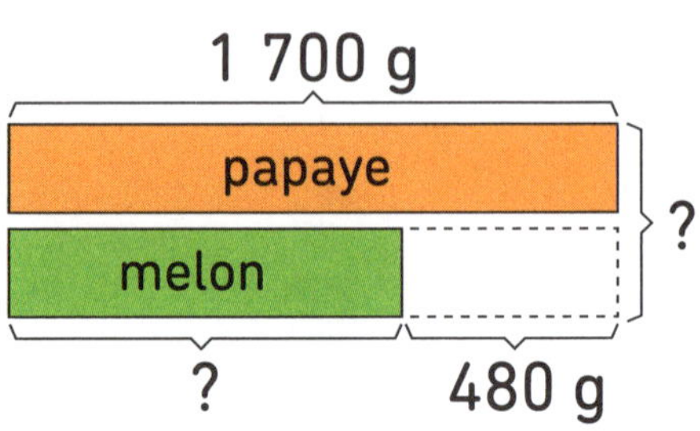

4 La contenance d'une grande bonbonne est égale au double de la contenance d'une petite bonbonne. La contenance de la petite bonbonne est de 17 *l*.
Quelle est la contenance totale des deux bonbonnes réunies ?

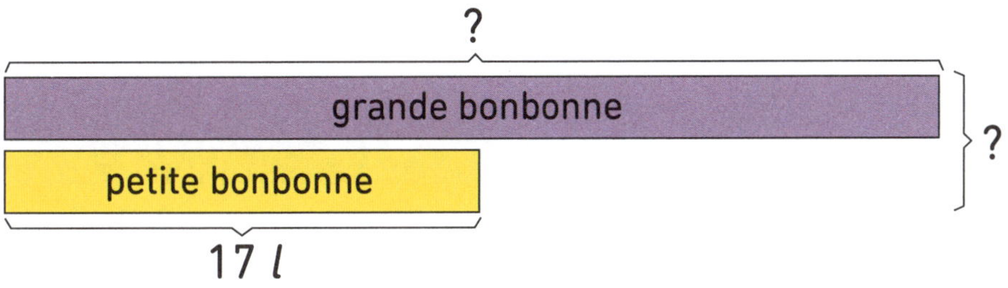

5 Un gros cageot de pommes a une masse de 6 kg.
Cette masse est 3 fois plus grande que celle d'un cageot de salades.
Quelle est la masse de 6 cageots de salades ?

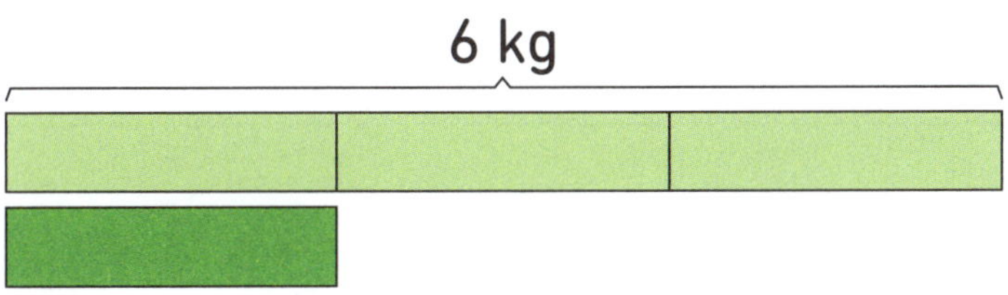

6 Théo a besoin de 175 cm de tissu pour confectionner une chemise.
Morgane a besoin de 250 mm de plus pour confectionner une robe.
Quelle longueur de tissu faut-il à Morgane pour confectionner deux robes ?

Séance 91 Résolvons des problèmes (2)

Calcul mental Familles des nombres 40, 400 et 4 000 - Guide pédagogique

Exercices p. 175 - Fichier photocopiable

1 Le tableau suivant indique la contenance de trois carafes.

Carafe	Contenance
A	2 000 m*l*
B	1 250 m*l*
C	1 850 m*l*

a) Quelle est la différence de contenance entre la plus grande carafe et la plus petite carafe ?

b) Quelle est la contenance totale des carafes B et C en *l* et m*l* ?

2 La distance entre une ville A et une ville B est de 54 km.
Carla part de la ville A pour aller dans la ville B, puis retourne dans la ville A.
Elle fait ce trajet 4 fois par jour.

Quelle distance Carla parcourt-elle chaque jour ?

3 Pablo a 2 sachets de bonbons.
Chaque sachet contient 350 grammes de bonbons.
Il répartit de façon égale les bonbons dans 4 coupelles.

Quelle masse de bonbons y a-t-il dans chaque coupelle ?

4 Une citerne contient 800 *l* d'essence.
500 *l* d'essence sont vendus, le reste est utilisé pour remplir intégralement des bidons de 40 d*l*.

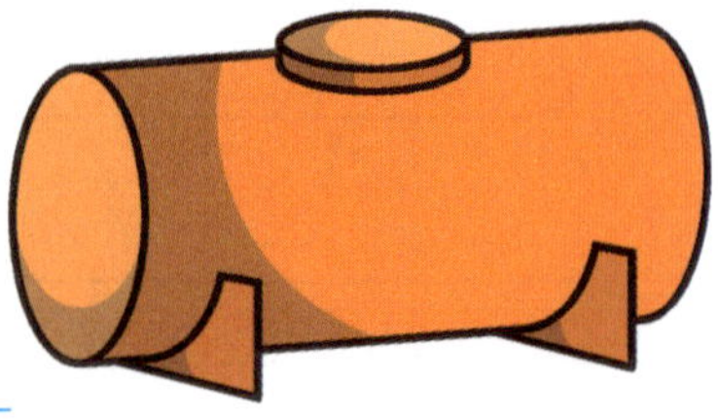

Combien de bidons de 40 d*l* ont été remplis ?

Ce que j'ai appris

Je peux mesurer différentes **grandeurs** d'un même objet, comme la longueur, la masse ou la contenance.

Je peux exprimer une même mesure à l'aide de différentes **unités de mesure**.
Exemple : 3 m, 30 dm et 300 cm sont des **mesures équivalentes**.

Les longueurs

Le kilomètre (km), le mètre (m), le décimètre (dm), le centimètre (cm) et le millimètre (mm) sont des unités de **longueur**.
1 km = 1 000 m ; 1 m = 10 dm ; 1 dm = 10 cm ; 1 cm = 10 mm

Les masses

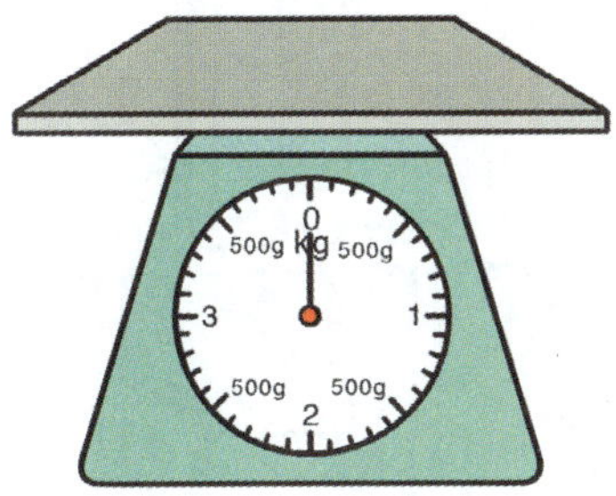

La tonne (t), le kilogramme (kg) et le gramme (g) sont des unités de **masse**.
1 t = 1 000 kg ; 1 kg = 1 000 g

Les contenances

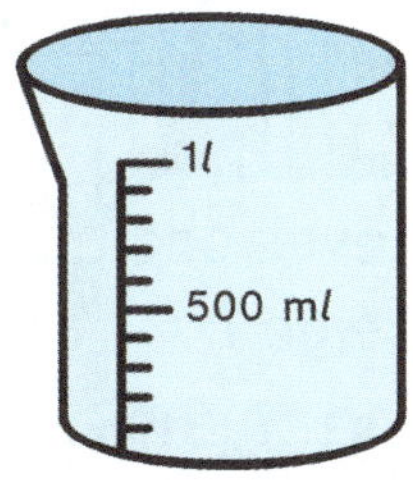

Le litre (*l*), le décilitre (d*l*), le centilitre (c*l*) et le millilitre (m*l*) sont des unités de **contenance**.
1 *l* = 10 d*l* ; 1 d*l* = 10 c*l* ; 1 c*l* = 10 m*l*

Les préfixes déci-, centi- et milli- signifient 10 fois, 100 fois et 1 000 fois plus petit, respectivement.
Le préfixe kilo- signifie 1 000 fois plus grand.

Explorons pp. 176-177 - Fichier photocopiable

Mon journal p. 178 - Fichier photocopiable

Unité
10 Les tableaux et les graphiques

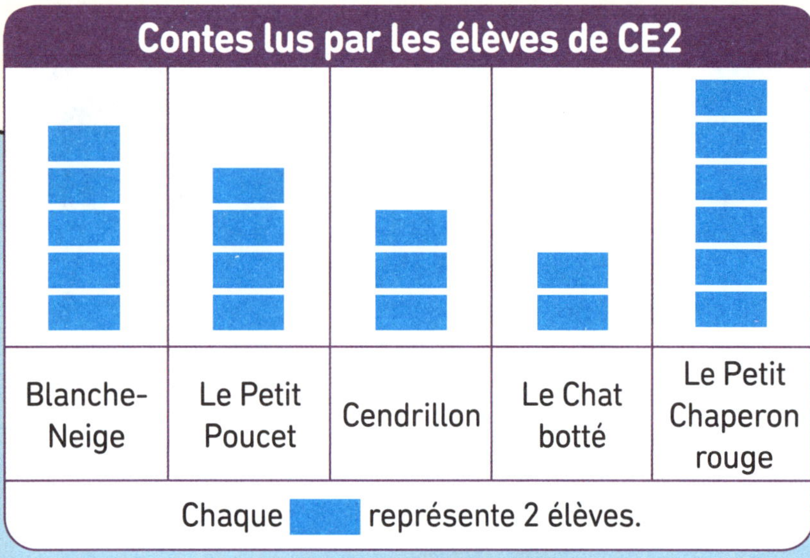

Séance 93 Faisons le lien entre les tableaux et les graphiques

Calcul mental Familles des nombres 80, 800 et 8 000 - Guide pédagogique

Exercices p. 179 - Fichier photocopiable

J'observe

Les mêmes données ont été représentées sur le tableau en page ci-contre et sur ce graphique.

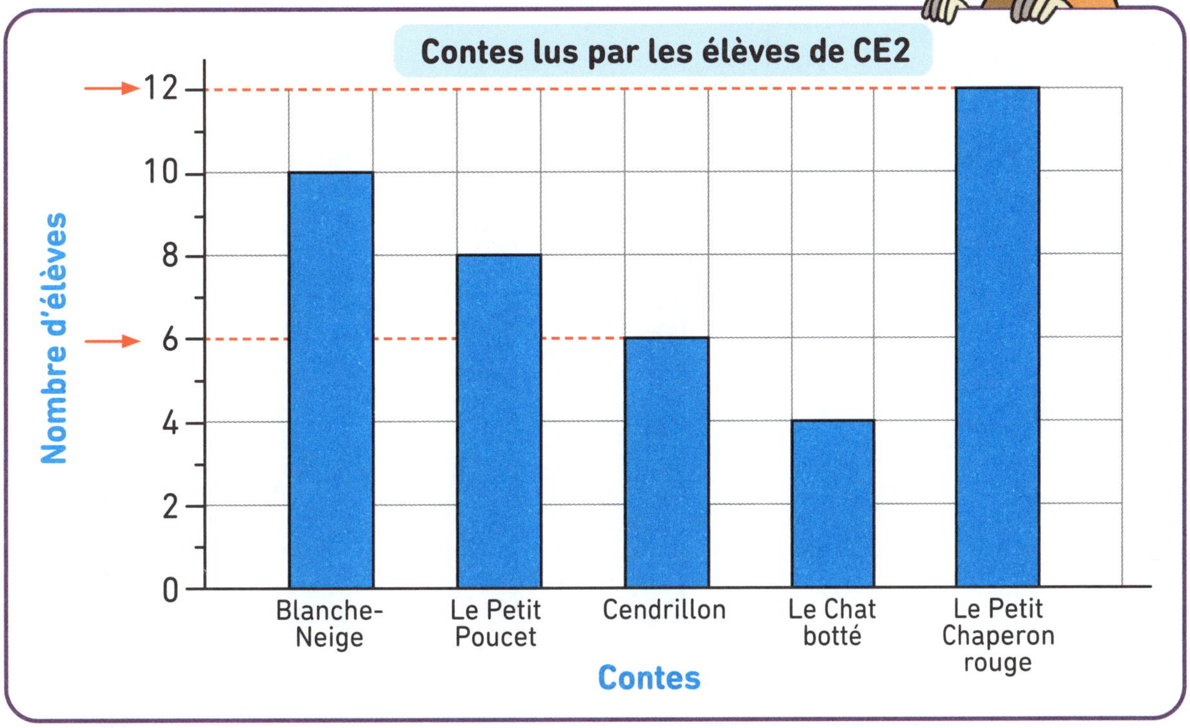

6 élèves ont lu *Cendrillon*.

12 élèves ont lu *Le Petit Chaperon rouge*.

Les élèves qui ont lu *Cendrillon* sont moins nombreux que ceux qui ont lu Le *Petit Chaperon rouge*. Ils sont 6 de moins.

1 **a)** À combien d'enfants correspond 1 ■ du graphique ? ☐

b) Tous les élèves qui ont lu *Le Chat botté* ont également lu *Cendrillon*. Combien d'élèves ont lu *Cendrillon* mais pas *Le Chat botté* ? ☐

Séance 94 Lisons et interprétons des graphiques (1)

Calcul mental Compléments à la dizaine/centaine supérieure - Guide pédagogique

Exercices p. 180 - Fichier photocopiable

1 Ce graphique représente le nombre d'usagers d'une bibliothèque un lundi après-midi.

Usagers d'une bibliothèque un lundi après-midi

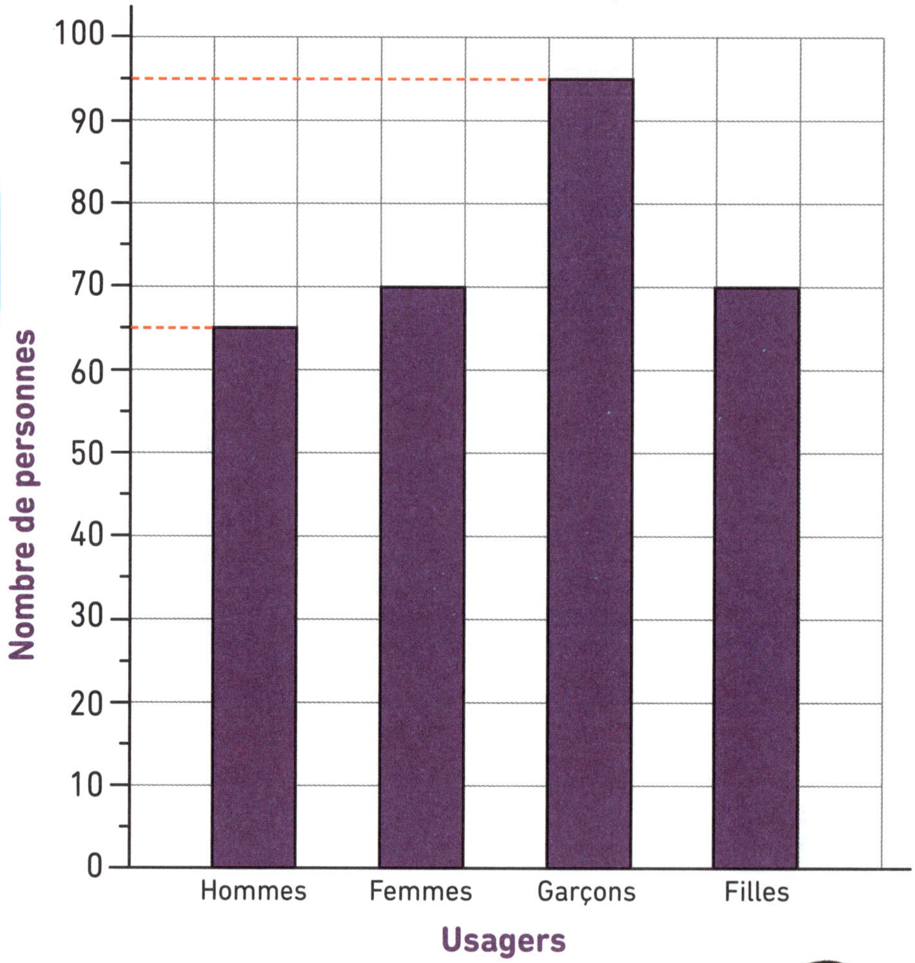

Tu peux lire le nombre de personnes sur l'axe vertical.

Tu peux lire les catégories d'usagers sur l'axe horizontal.

a) ☐ femmes sont allées à la bibliothèque.

b) ☐ garçons sont allés à la bibliothèque.

c) ☐ garçons de plus que de femmes sont allés à la bibliothèque.

d) ☐ enfants sont allés à la bibliothèque.

e) Un nombre égal de ______________ et de ______________ sont allées à la bibliothèque.

f) Un ■ du graphique correspond à ☐ personnes.

2 Ce graphique représente le nombre de livres exposés sur quatre étagères de la bibliothèque.

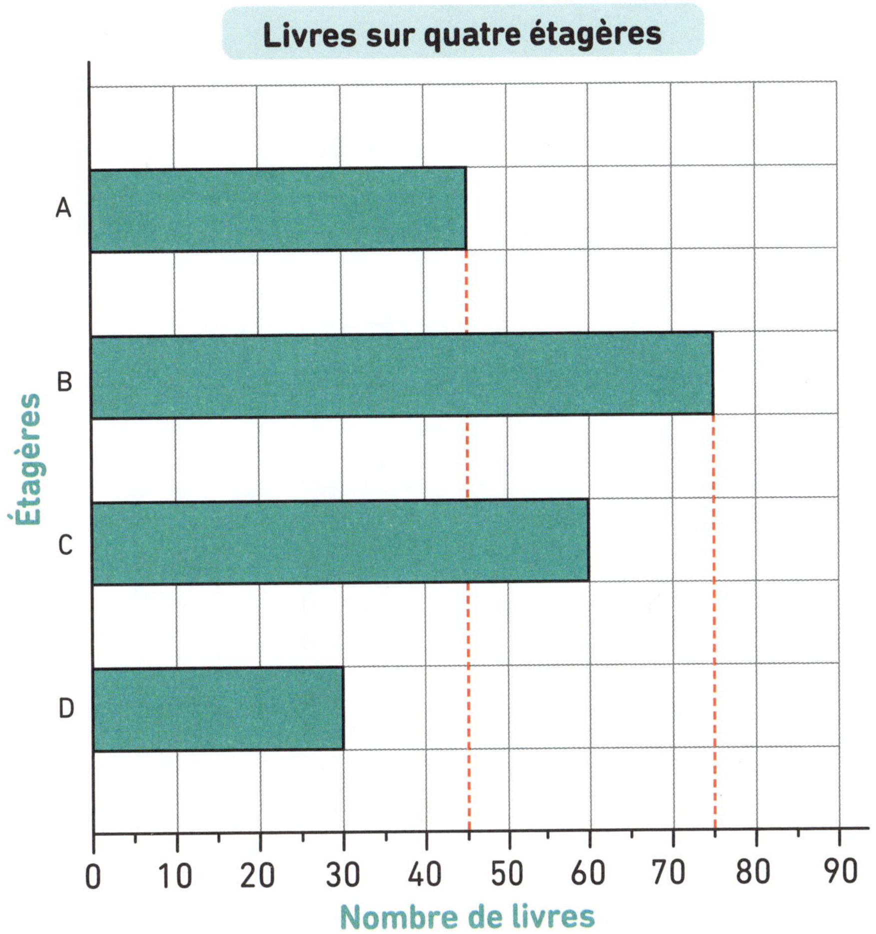

a) Combien de livres sont exposés sur l'étagère A ? ☐

b) Sur quelle étagère y a-t-il le plus de livres, A ou B ? ☐
Combien y en a-t-il de plus ? ☐

c) Sur quelle étagère y a-t-il 60 livres ? ☐

d) Sur quelle étagère y a-t-il le moins de livres ? ☐

e) Sur quelle étagère y a-t-il deux fois plus de livres que sur l'étagère D ? ☐

f) Combien y a-t-il de livres en tout sur les quatre étagères ? ☐

g) Invente une autre question à partir du graphique et réponds-y.

Séance 95 Lisons et interprétons des graphiques (2)

Calcul mental Compléments au millier supérieur - Guide pédagogique

Exercices p. 181 - Fichier photocopiable

1 Ce graphique représente le nombre d'élèves d'une école qui sont allés à la bibliothèque la première semaine de mars.

Classes qui sont allées à la bibliothèque la première semaine de mars

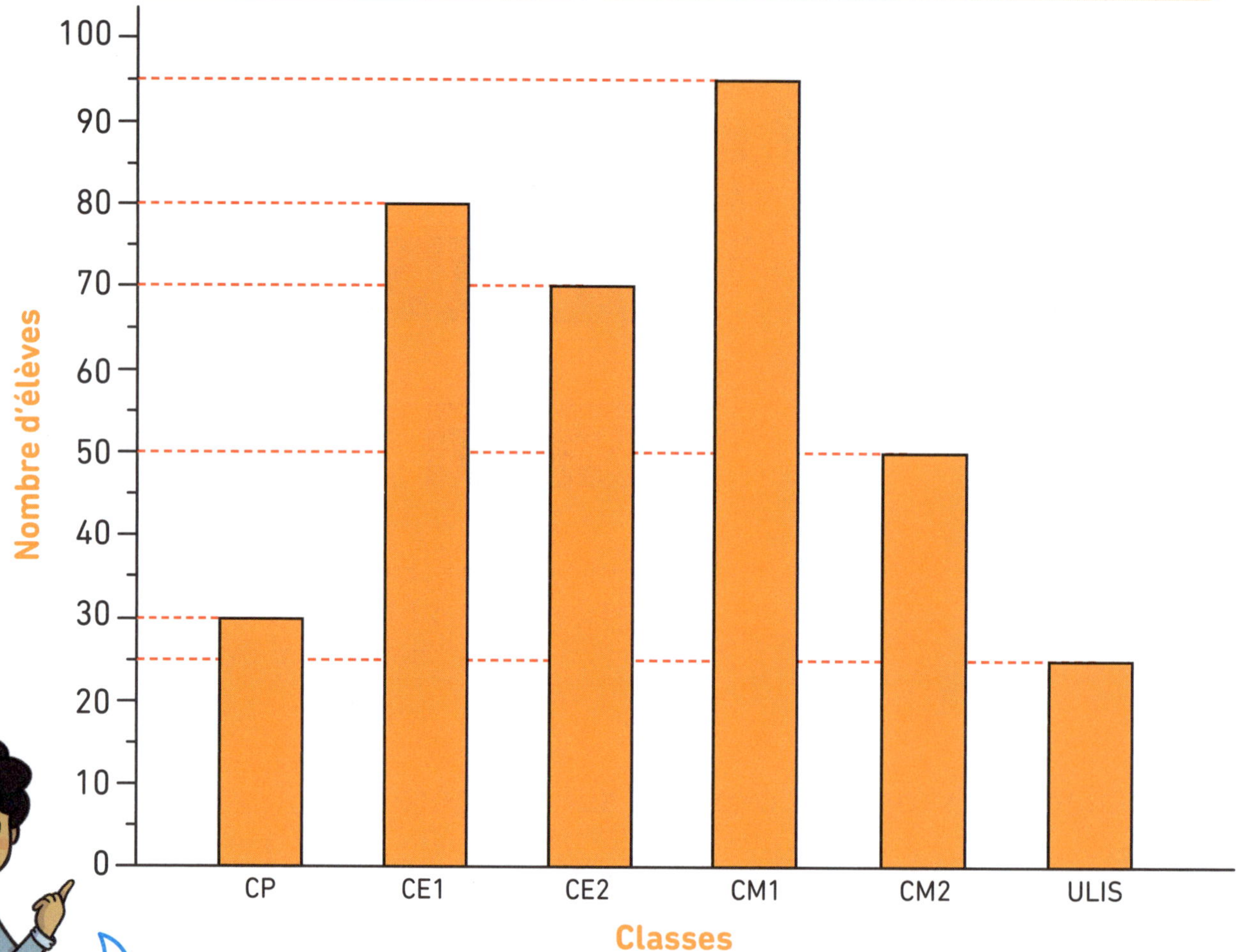

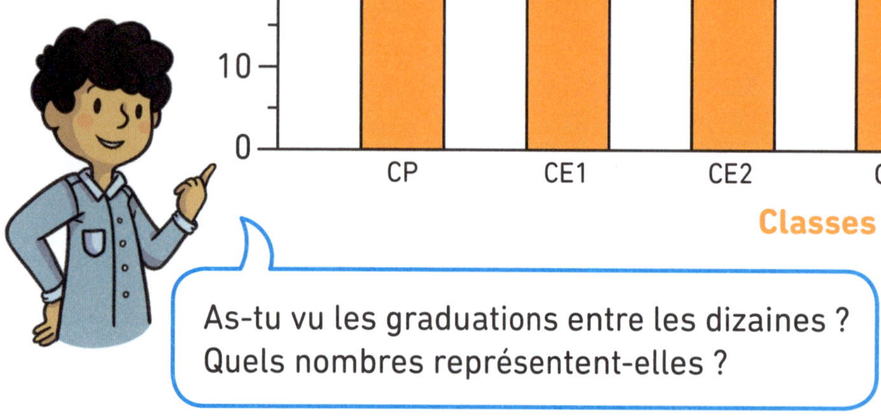

a) Combien d'élèves de CP sont allés à la bibliothèque ? ☐

b) Combien d'élèves de CM1 sont allés à la bibliothèque ? ☐

c) Quels élèves ont été les plus nombreux à aller à la bibliothèque, les CE1 ou les CE2 ? __________. Combien étaient-ils de plus ? ☐

d) Dans la classe de __________, 20 élèves de moins que les élèves de CE2 sont allés à la bibliothèque.

2 Ce graphique représente le nombre de pièces en or que Jack a trouvées au cours des 5 jours qu'il a passés chez le géant.

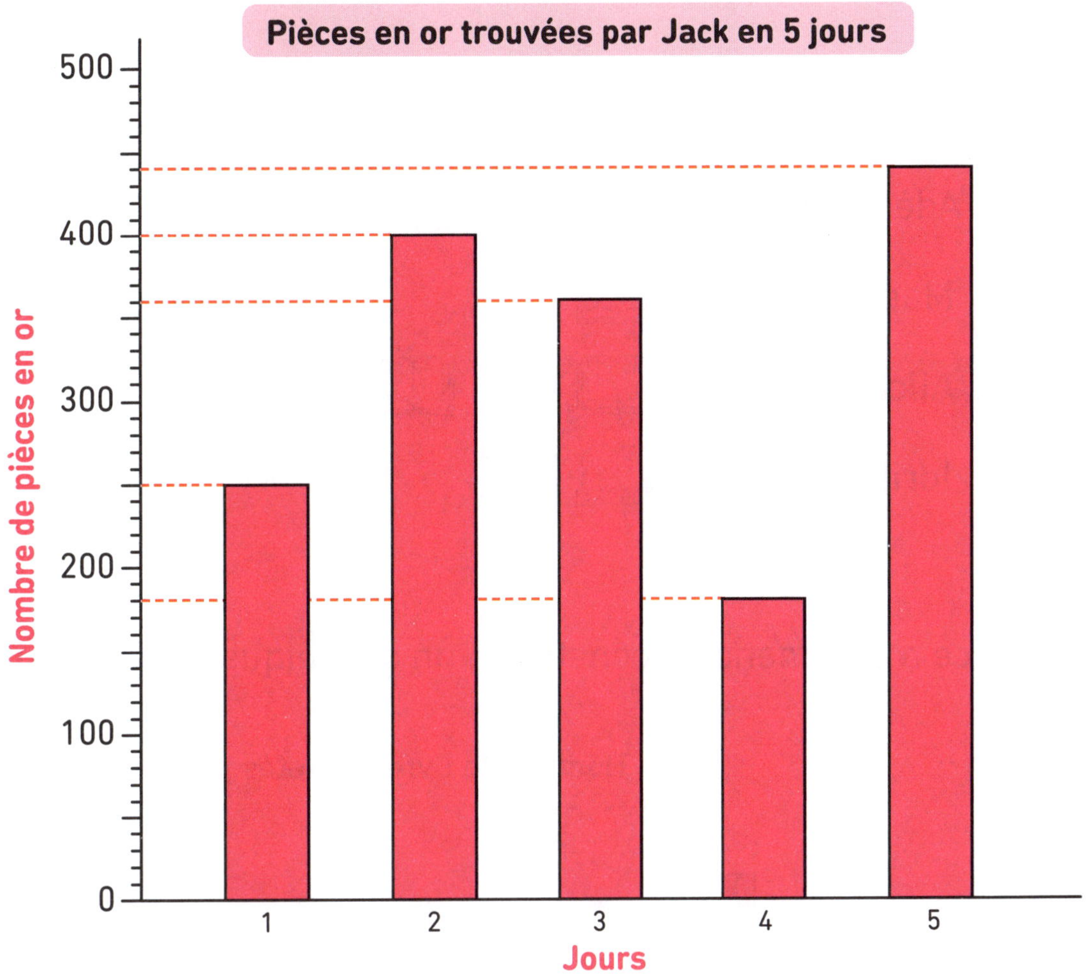

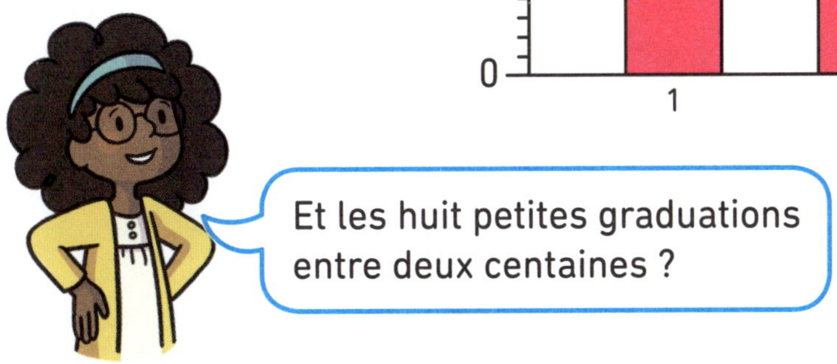

a) Combien de pièces en or Jack a-t-il trouvées le 1er jour ? ☐

b) Combien de pièces en or de plus a-t-il trouvées le 2e jour ? ☐

c) Combien de pièces en or Jack a-t-il trouvées en tout ? ☐

d) Quel jour Jack a-t-il trouvé le moins de pièces en or ?

____

e) Quel jour Jack a-t-il trouvé deux fois plus de pièces en or que le 4e jour ? ________________

f) Invente une histoire qui explique comment Jack a trouvé ses pièces en or, jour après jour.

Séance 96 Complétons et analysons des graphiques

Calcul mental Multiplier par 6 et 7 - Guide pédagogique

Exercices pp. 182-183 - Fichier photocopiable

1 Ce tableau représente le nombre de livres achetés par quatre enfants.

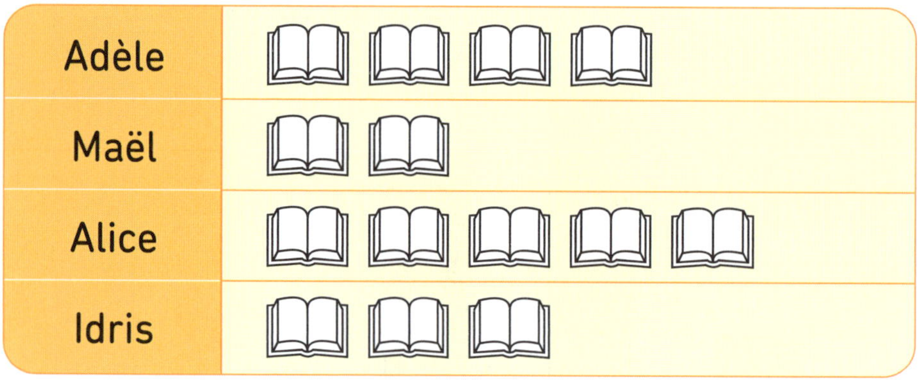

Alice a commencé à construire un graphique qui correspond au tableau.

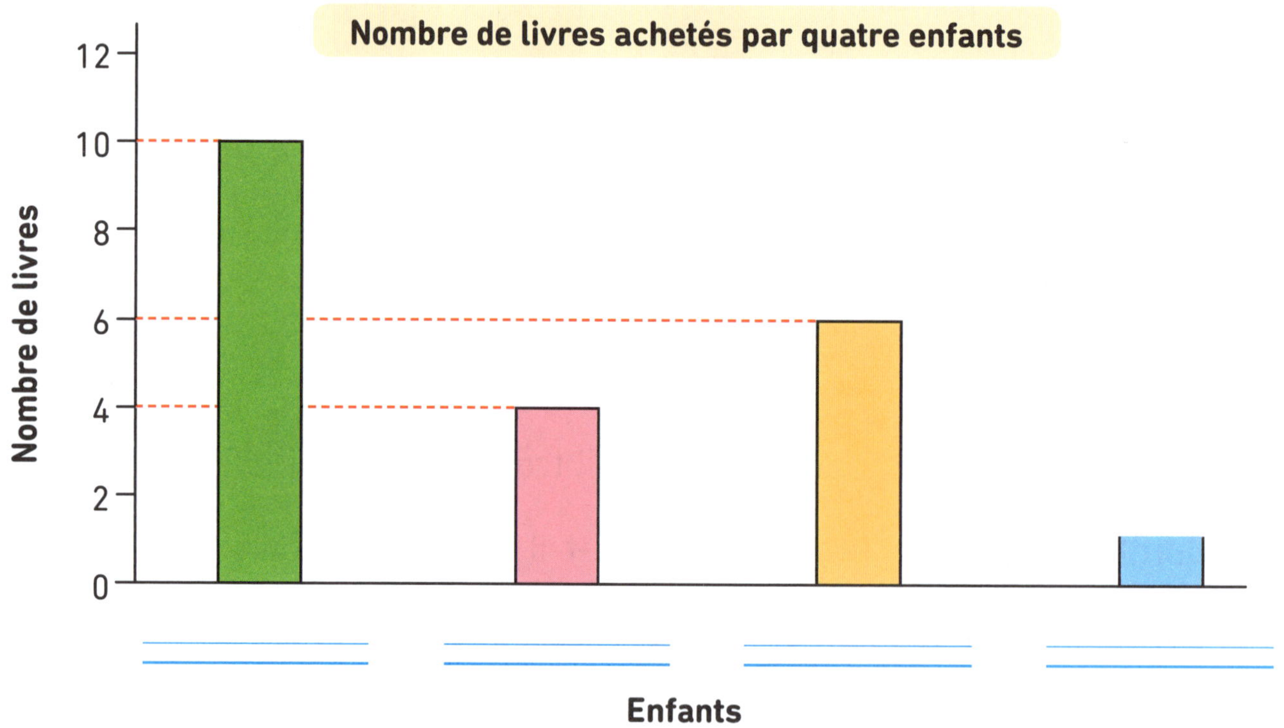

a) Écris le nom de l'enfant qui convient sous chaque barre.

b) Trouve la hauteur de la barre bleue et complète-la.

c) La différence entre le nombre de livres achetés par ______ et par ______ correspond au nombre de livres achetés par ______.

d) En tout, les quatre enfants ont acheté ☐ livres.

Ce que j'ai appris

Un graphique représente des données.
Le graphique ci-dessous représente les fruits préférés des élèves d'une classe de CE2.

Sur l'axe horizontal, je lis le nom des fruits et sur l'axe vertical, le nombre d'élèves qui préfèrent chaque fruit.

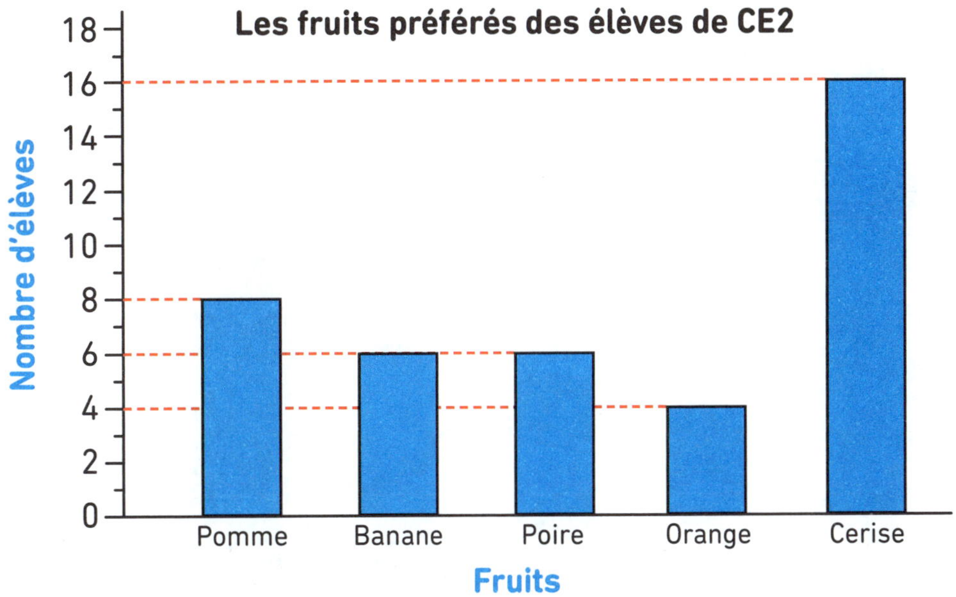

Je peux aussi dessiner un graphique de cette façon.

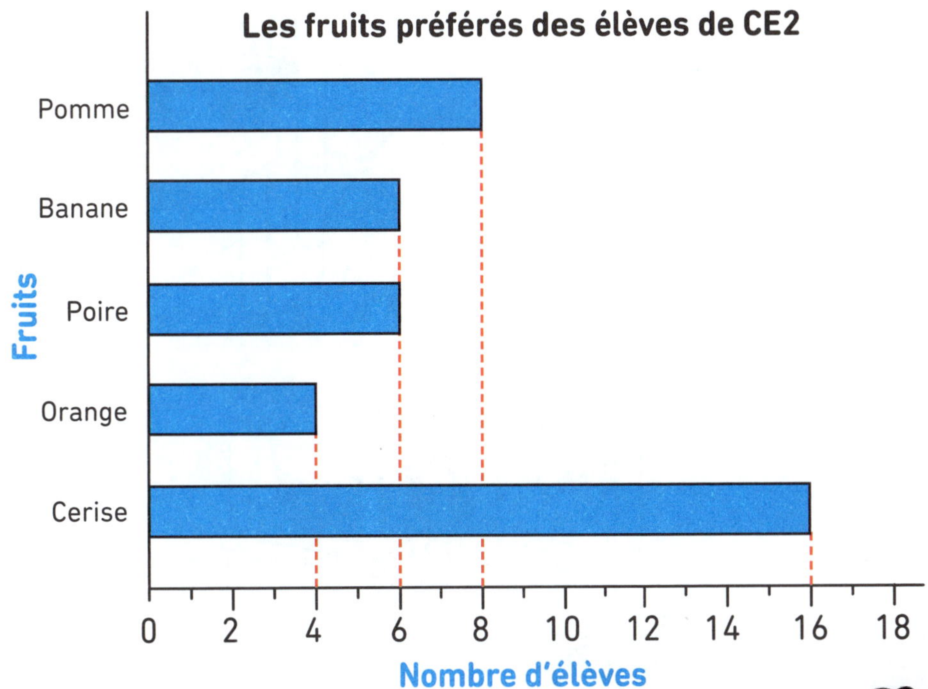

- La cerise est le fruit le plus aimé.
- L'orange est le fruit le moins aimé.
- La différence entre le nombre d'élèves qui préfèrent la banane et le nombre d'élèves qui préfèrent l'orange est de 2.

Que peux-tu dire d'autre à propos de ce graphique ?

Explorons pp. 184-185 - Fichier photocopiable

Mon journal p. 186 - Fichier photocopiable

Unité 11

Les tracés géométriques

Séance 98 Traçons des carrés et des rectangles (1)

Calcul mental Multiplier par 8 et 9 - Guide pédagogique
Exercices pp. 187-188 - Fichier photocopiable

1 Avec ta règle, termine le tracé des figures.

Rectangle

a) 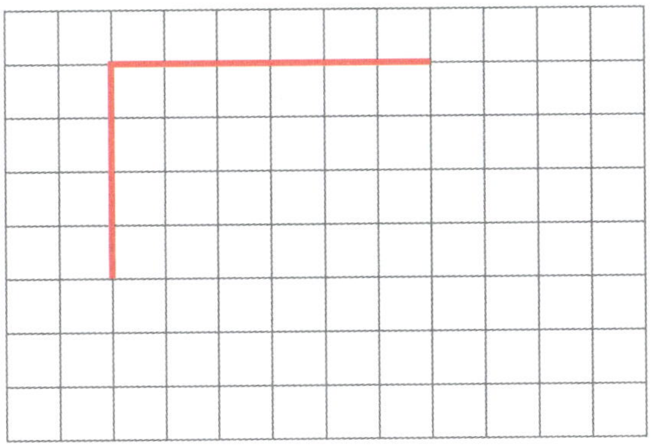

Carré

b) 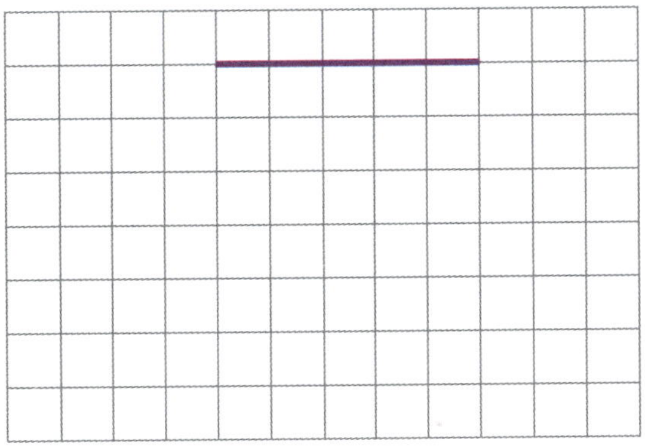

2 Avec ta règle, trace 2 rectangles d'orientations différentes.

3 Complète le tracé du carré. Les côtés mesurent 4 cm.

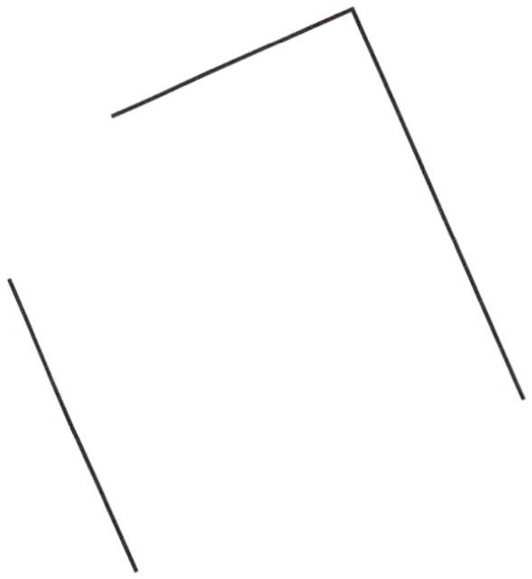

4 Avec ta règle, reproduis la figure puis complète la phrase.

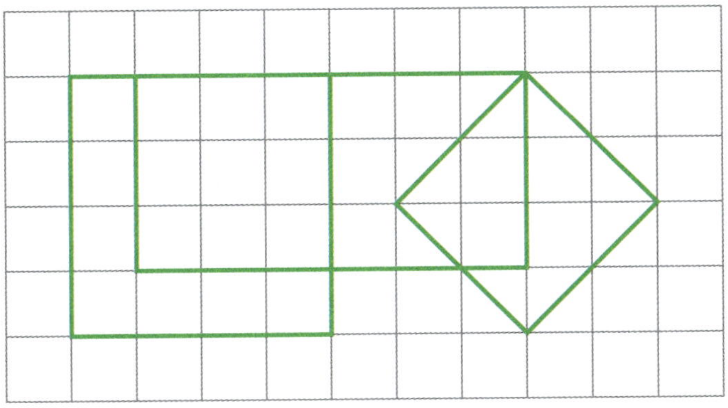

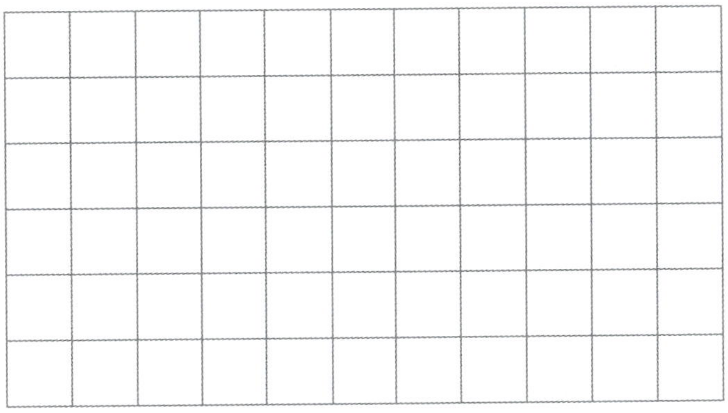

Je vois [ ] carrés, [ ] rectangle et [ ] autres polygones.

Séance 99 Traçons des carrés et des rectangles (2)

Calcul mental Multiplier par 10 et 100 - Guide pédagogique
Exercices pp. 189-190 - Fichier photocopiable

J'observe

Voici les étapes pour tracer un carré de 4 cm de côté sur du papier blanc.

Étape 1

Trace un segment de 4 cm de long.
Nomme-le [AB].

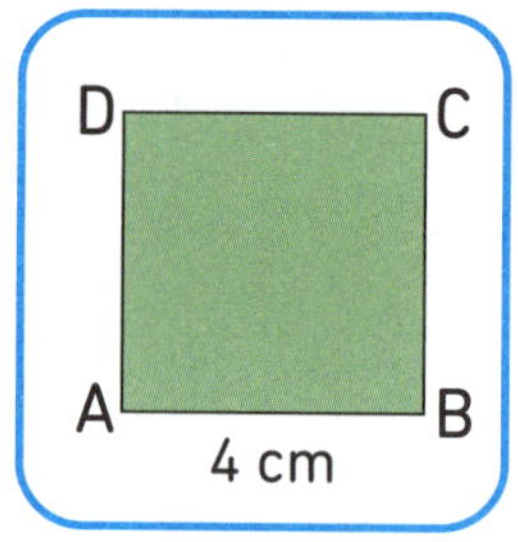

Étape 2

Place l'angle droit de l'équerre sur le point A.
Trace un angle droit en A.

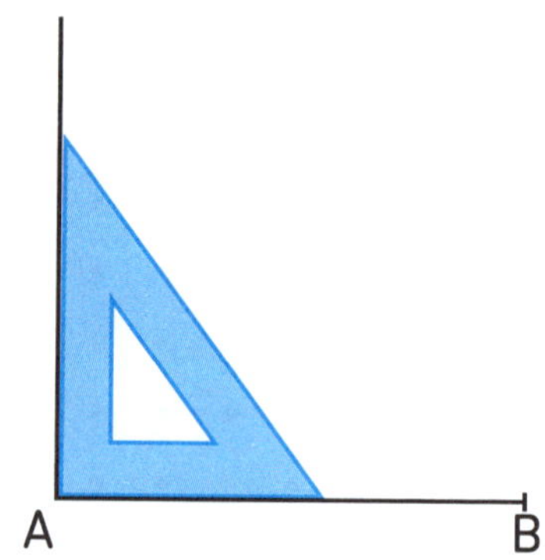

Étape 3

Utilise les graduations de ta règle
ou de ton équerre et marque
un point D situé à 4 cm du point A.

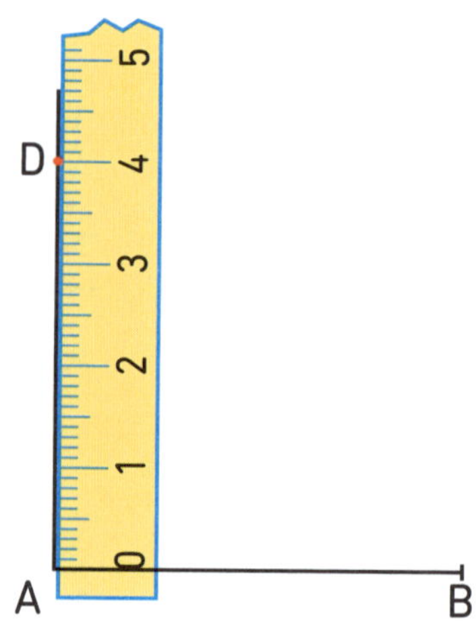

Il reste à placer le point C.

J'observe

Étape 4

Place l'angle droit de l'équerre sur le point B.
Trace un angle droit en B.

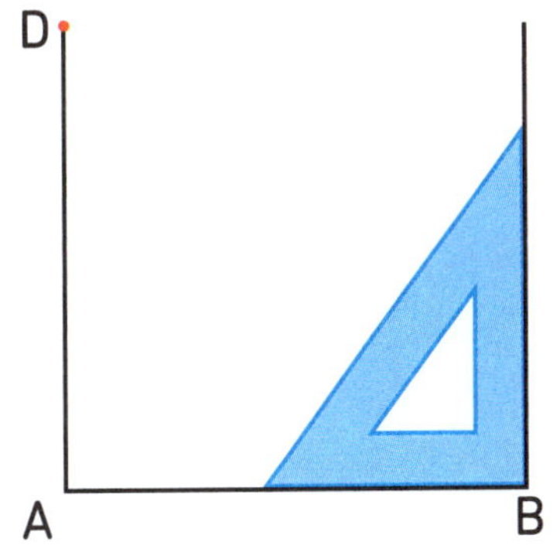

Étape 5

Utilise les graduations de ta règle
ou de ton équerre et marque
un point C situé à 4 cm du point B.

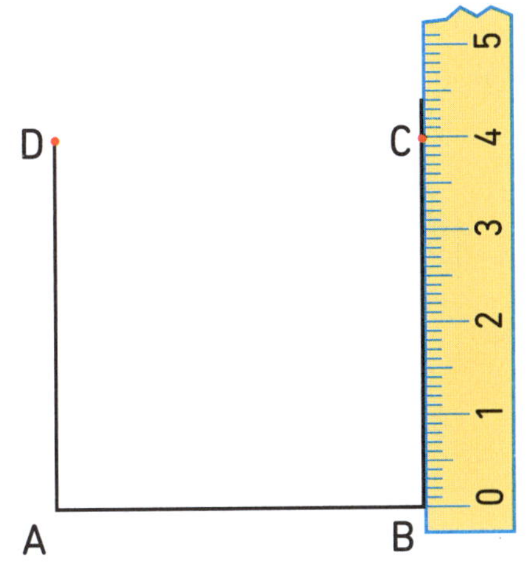

Étape 6

Relie les points D et C à l'aide de ta règle
afin de fermer le carré.

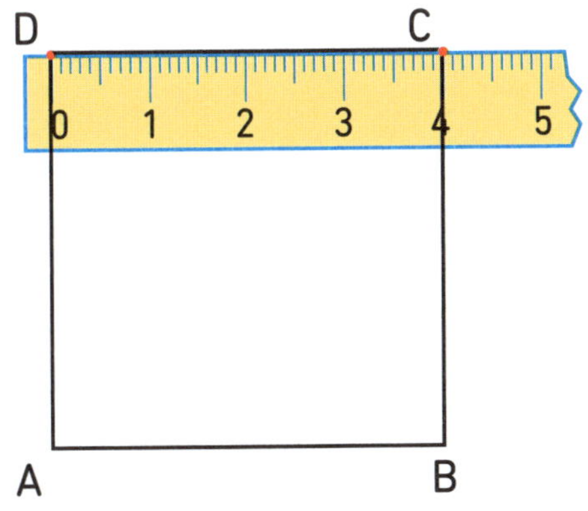

1 Avec ta règle graduée et ton équerre,
trace sur une feuille blanche
un carré EFGH de 10 cm de côté.

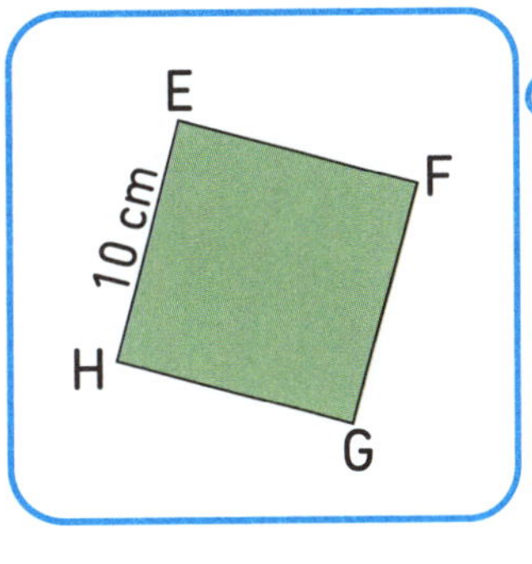

2 **a)** Avec ta règle graduée et ton équerre, trace un carré de 4 cm de côté.

b) Avec ta règle graduée et ton équerre, trace un rectangle de 6 cm de long et 3 cm de large.

3 Avec ta règle graduée et ton équerre, termine le tracé des carrés.

a)

b)

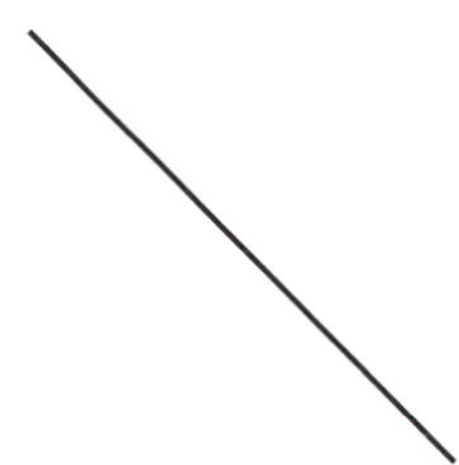

4 Avec ta règle graduée et ton équerre, reproduis le rectangle.
Tu peux changer son orientation.

Séance 100 Traçons des triangles rectangles

Calcul mental Multiplier par 2, 20 et 200 - Guide pédagogique
Exercices pp. 191-192 - Fichier photocopiable

J'observe

Avec ta règle et ton équerre, trace un triangle rectangle.

1 Trace un segment. Ce sera le premier côté du triangle rectangle.

2 Place l'angle droit de l'équerre à une extrémité. Trace le deuxième côté.

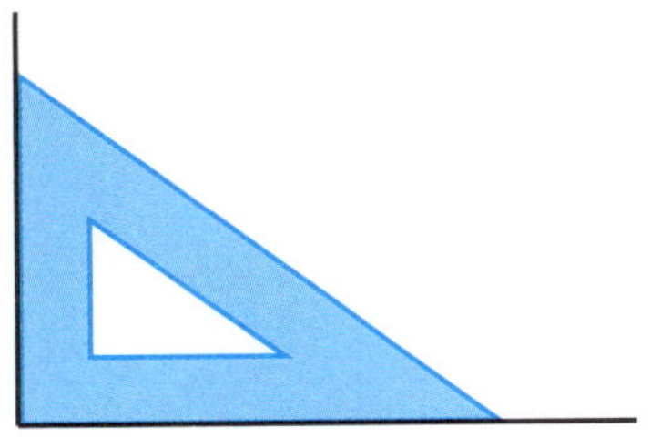

3 Trace le troisième côté. Marque l'angle droit.

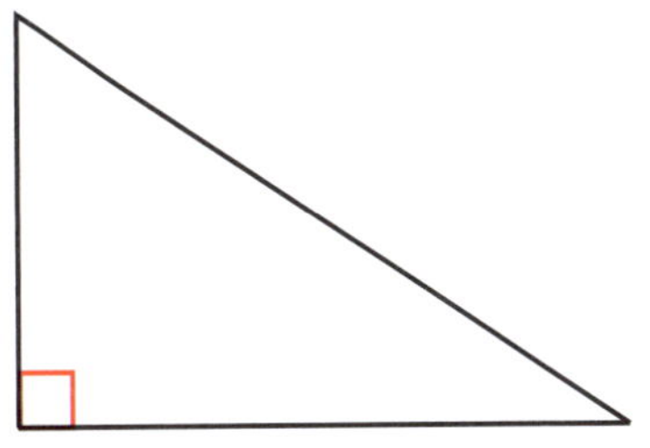

1 Avec ta règle, trace un triangle rectangle sur chaque quadrillage. Procède de deux façons différentes.

a)

b)

2 Les carreaux du quadrillage ci-contre mesurent 1 cm de côté.

a) Trace un triangle rectangle dont les deux côtés de l'angle droit mesurent 3 cm et 4 cm.

b) Quelle est la mesure du troisième côté ?

[ ] cm

3 Avec ta règle et ton équerre, termine les tracés des triangles rectangles.

a) Le deuxième côté de l'angle droit mesure 5 cm.

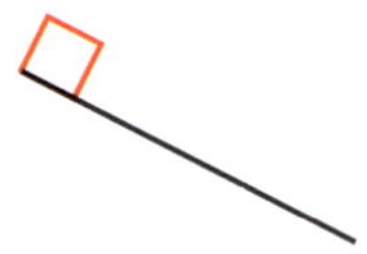

b) Le deuxième côté de l'angle droit mesure 3 cm.

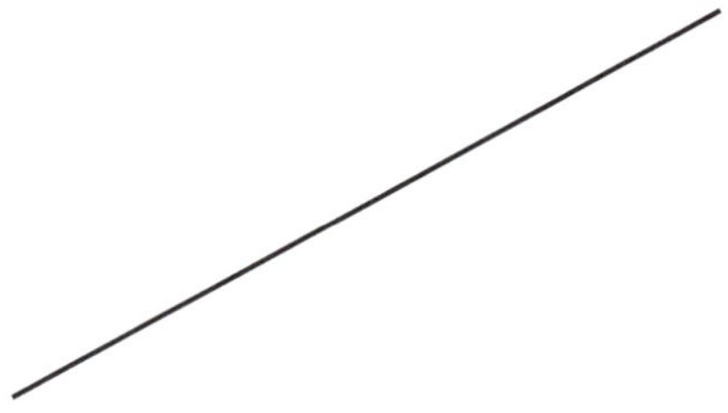

4 Avec ta règle graduée et ton équerre, reproduis le triangle rectangle.

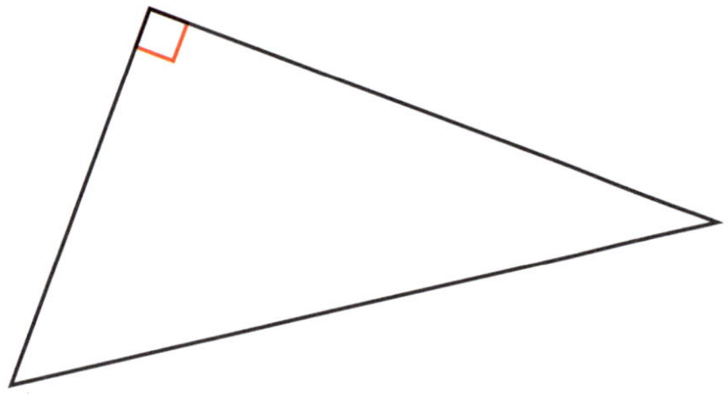

Séance 101 Traçons des cercles (1)

Calcul mental Multiplier deux dizaines - Guide pédagogique

Exercices pp. 193-194 - Fichier photocopiable

J'observe

Avec ton compas, entraîne-toi à tracer des cercles.

1 Avec ton compas, trace deux cercles qui se coupent puis trace un troisième cercle qui ne coupe aucun des deux autres.

2 Avec ton compas, trace un cercle aussi grand que possible.
Trace un petit cercle à l'intérieur de ce cercle et deux à l'extérieur.

3 Adèle veut tracer une rosace dans un cercle.
Aide-la à la terminer puis colorie-la.

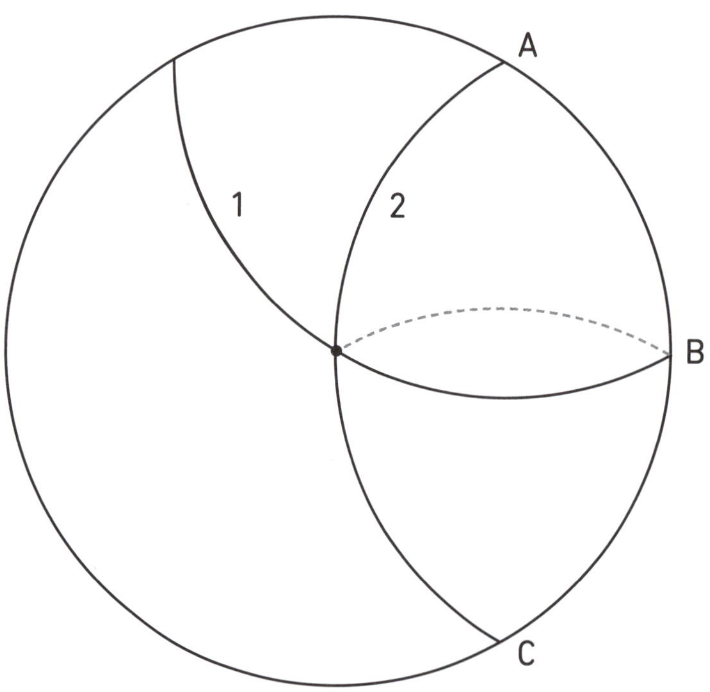

Adèle a planté la pointe sèche de son compas en A et a tracé l'arc de cercle 1.

Elle a ensuite planté la pointe sèche en B et a tracé l'arc de cercle 2.
Continue avec le point C.
L'écartement du compas reste le même !

Séance 102 Le milieu d'un segment

Calcul mental Suite d'opérations consécutives - Guide pédagogique

Exercices pp. 195-196 - Fichier photocopiable

J'observe

Maël a tracé un segment [AB] et découpé une bande de papier de même longueur.

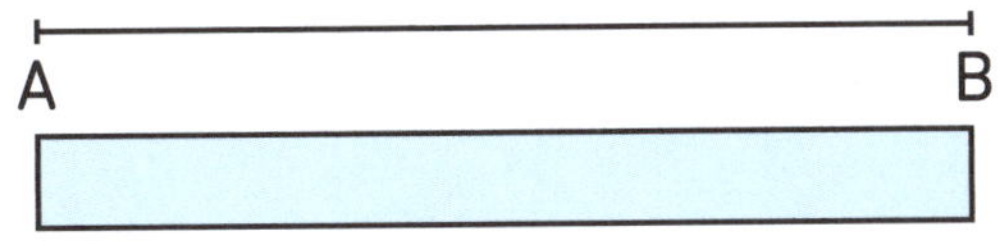

Il a plié la bande de papier en deux pour trouver le **milieu du segment**.

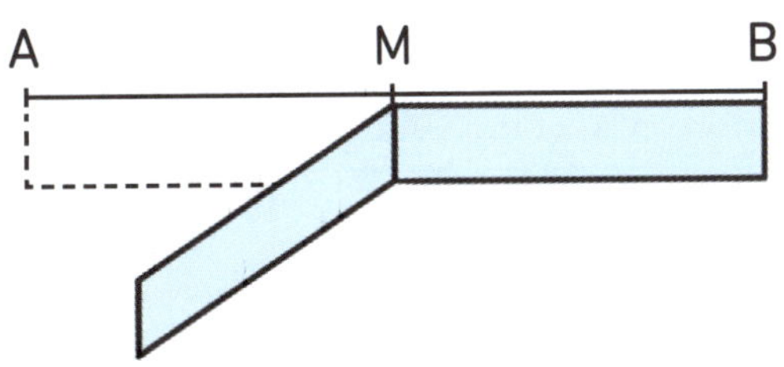

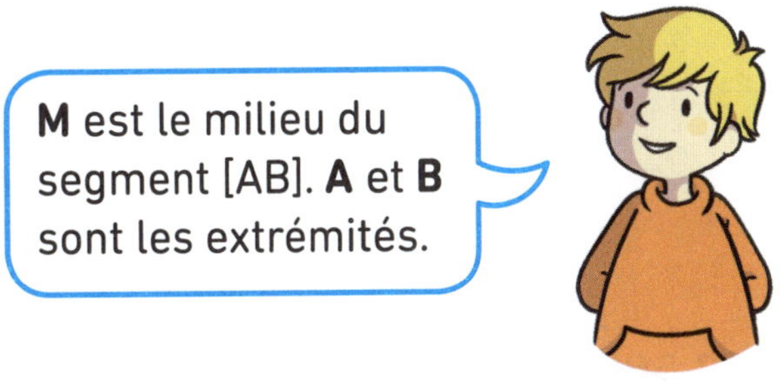

1 Applique la méthode de Maël pour trouver le milieu du segment [CD].
Nomme le milieu N et place-le.

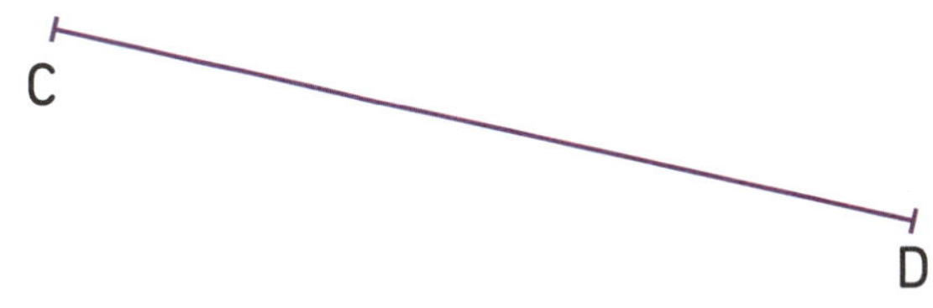

2 Avec ta règle graduée, trouve les milieux des segments [EF], [GH] et [IJ].
Nomme-les P, Q et R et place-les.

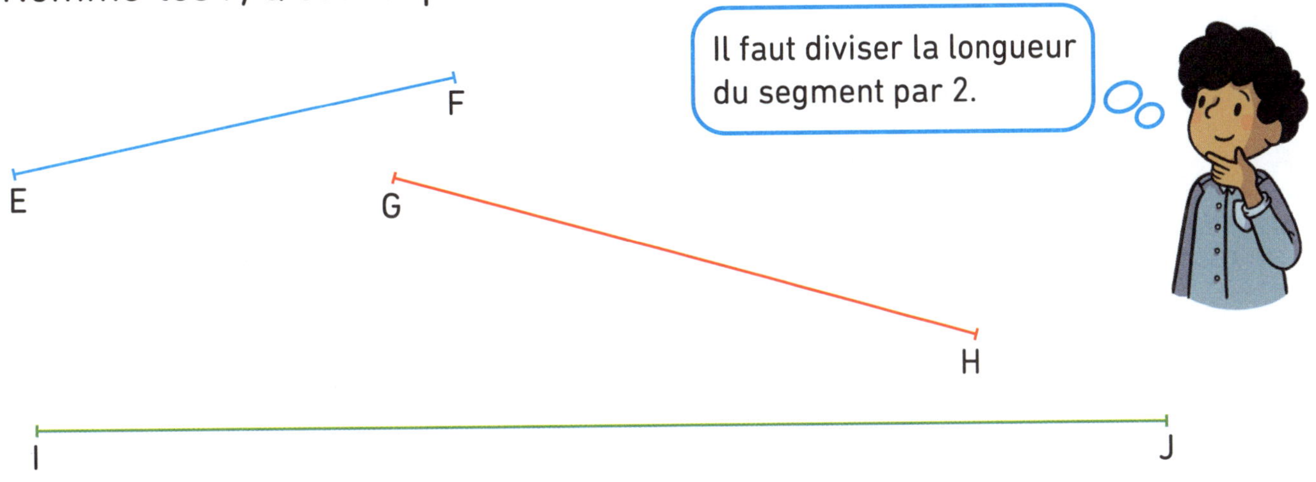

3 Le point B est le milieu du segment [AC].
Complète le segment [AC].

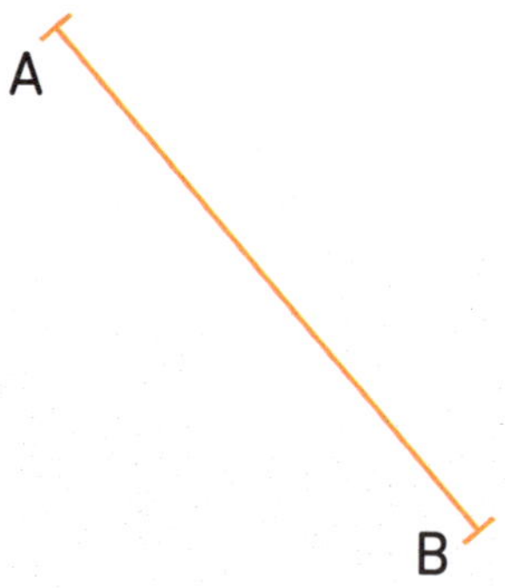

4 **a)** Trace les segments [AB] et [CD].

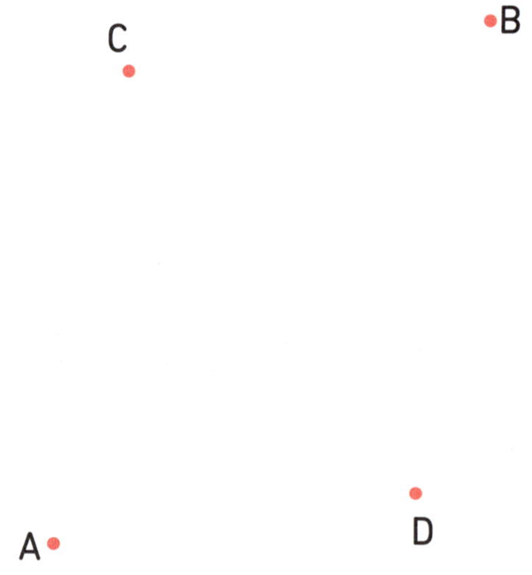

b) Que remarques-tu ?

---

5 Voici un segment.

a) À l'aide de ton compas, reporte la longueur du segment deux fois de suite sur la droite *d* à partir du point A.

b) Marque les extrémités du segment formé ainsi que son milieu M.

---

6 Sur cette droite, repère deux segments et leur milieu puis complète.

Le segment [ ] a pour milieu le point .

Le segment [ ] a pour milieu le point .

Séance 103 Traçons des cercles (2)

Calcul mental Compter de 4 en 4 - Guide pédagogique
Exercices pp. 197-198 - Fichier photocopiable

J'observe

Place la pointe sèche du compas en O.
C'est le **centre** du cercle.

Le segment [OA] est un **rayon** du cercle.
Sa longueur correspond à l'écartement du compas.

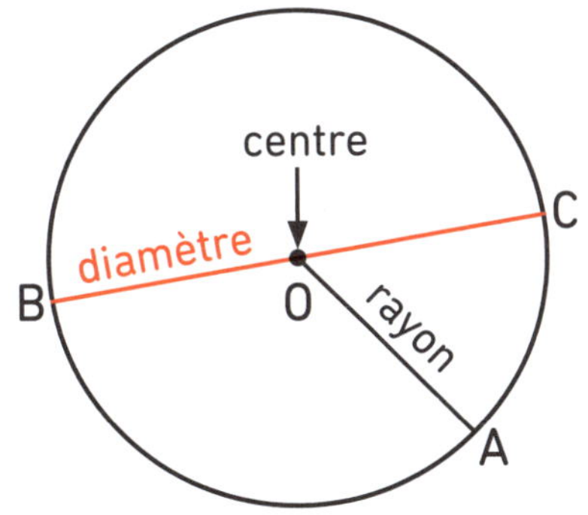

Le segment [BC] est un **diamètre** du cercle.

1 Complète les phrases.

a) Le point O est le ______________ du segment [BC].

b) La longueur du diamètre est le ______________ de la longueur du rayon.

c) Si je prolonge un rayon jusqu'au cercle, j'obtiens un ______________.

2 Avec ton compas, trace un cercle :

a) de centre P.

b) de centre Q qui passe par R.

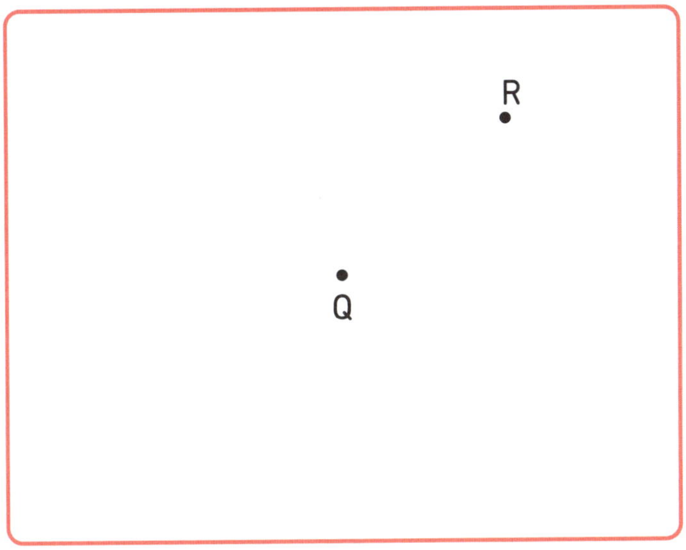

3 Avec ton compas, trace un cercle :

a) de centre A et de rayon 2 cm.

b) de centre B et de diamètre 6 cm.

4 Avec ton compas, trace un cercle de diamètre [RS].

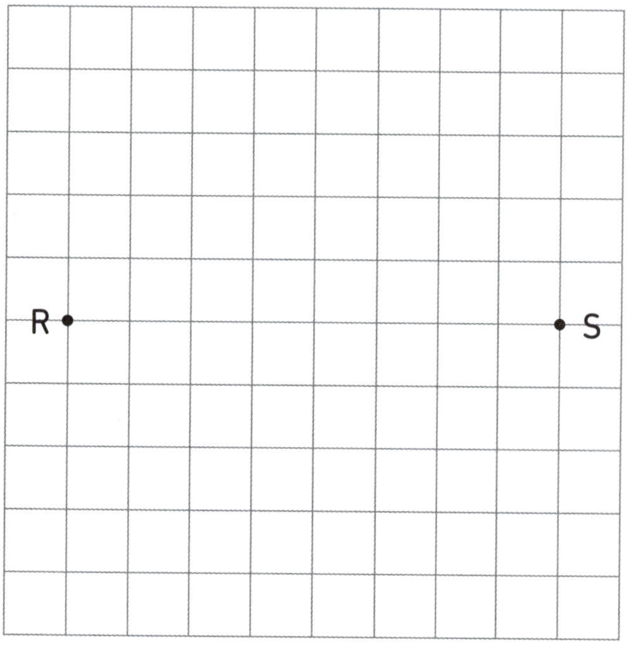

5 **a)** Trace un cercle de centre C qui passe par P.

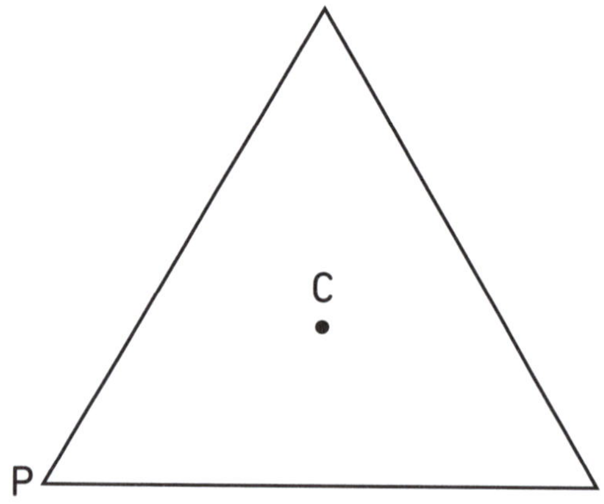

b) Que remarques-tu ?

Traçons des figures complexes

Calcul mental Ajouter/soustraire 9 ou 10 - Guide pédagogique

Exercices pp. 199-200 - Fichier photocopiable

J'observe

Voici des consignes pour tracer une figure à main levée.

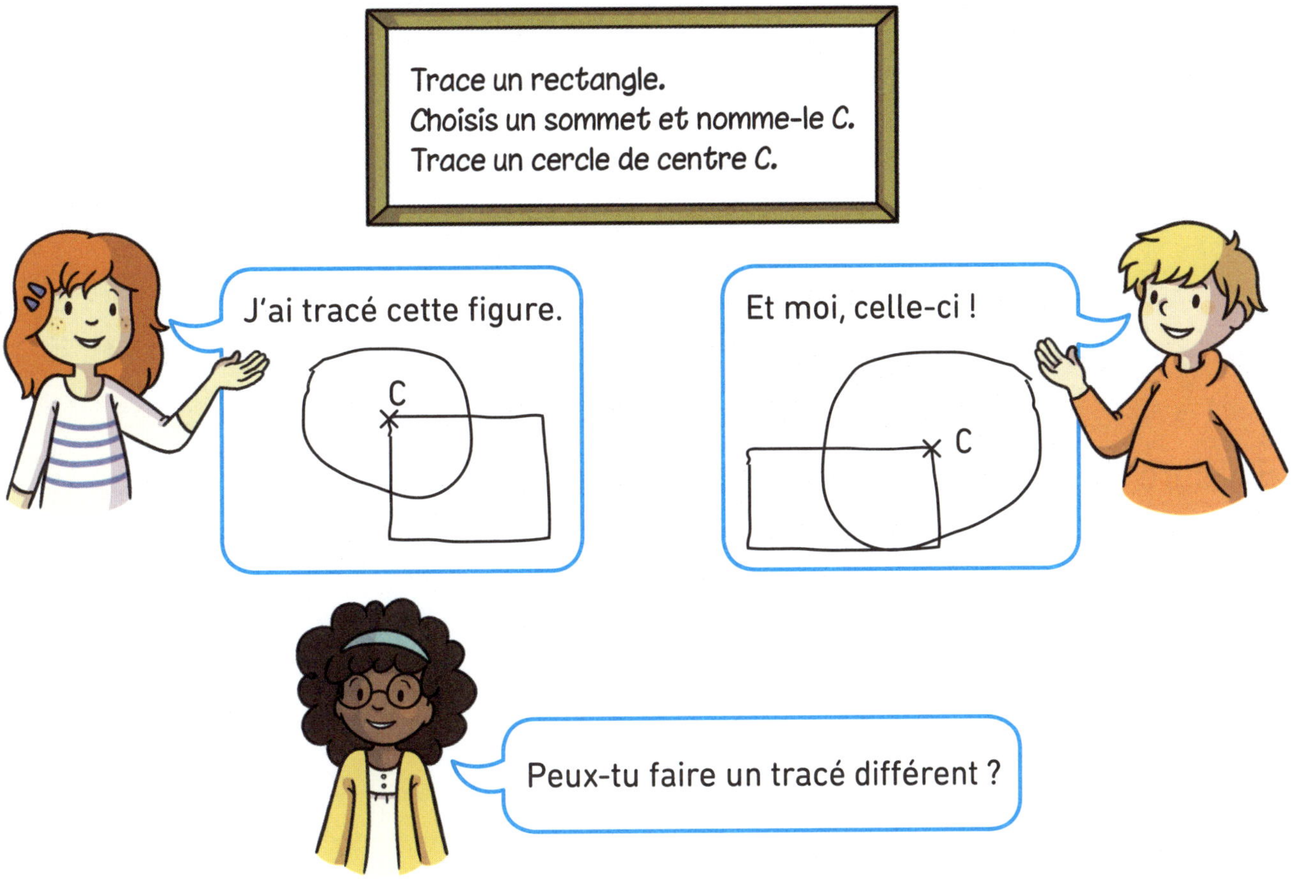

Un **programme de construction** est une suite de consignes de tracés.
Un même programme peut donner des figures différentes.

1 Coche les figures qui correspondent au programme de construction.

Trace un cercle de centre O. Trace un carré dont l'un des sommets est O.

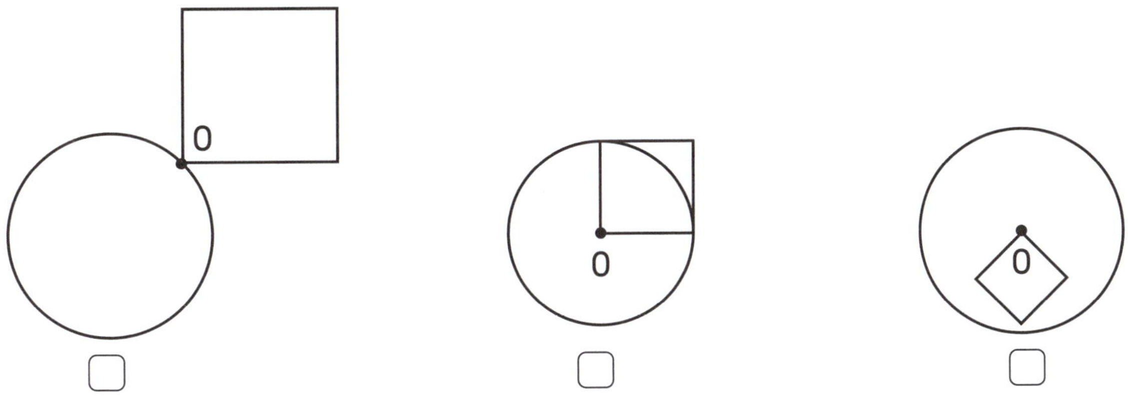

2 Exécute le programme de construction suivant.

> Trace un cercle puis un diamètre de ce cercle.
> Trace un carré qui a pour côté ce diamètre.

a) À main levée

b) Avec la règle et le compas

---

3 Exécute ce programme de construction.

- Trace un cercle.
- Trace un de ses diamètres.
- Place un point P sur le cercle.
- Trace un triangle en reliant chaque extrémité du diamètre au point P.

Que peux-tu dire de ce triangle ?

____

---

4 Complète le programme de construction de cette figure.

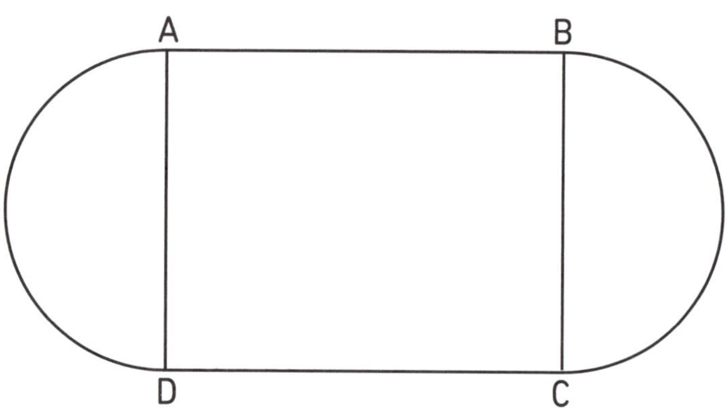

- Trace un __________ ABCD de longueur ☐ cm et de __________ 4 cm.
- Trace deux demi-__________ à l'extérieur du rectangle : l'un de __________ [AD] et l'autre de __________ [BC].

Séance 105 Ce que j'ai appris

Je sais tracer toutes sortes de figures à main levée.

Je sais utiliser mon équerre et ma règle graduée pour construire des carrés, des rectangles et des triangles rectangles.

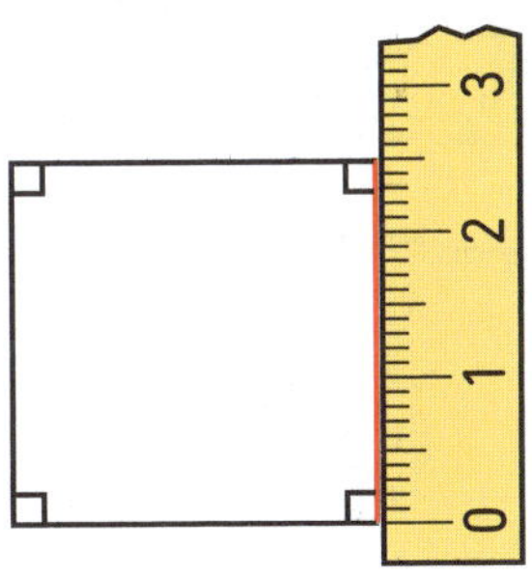

Je sais utiliser mon compas pour tracer des cercles et reporter des longueurs.

Je sais créer ou exécuter un programme de construction pour tracer des figures complexes.

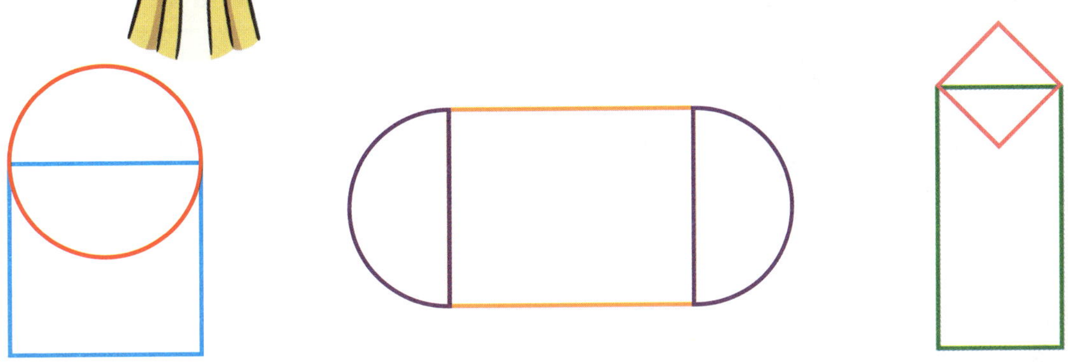

Explorons pp. 201-202 - Fichier photocopiable

Mon journal p. 203 - Fichier photocopiable

Unité
12 Les fractions

Séance 106 Revoyons les fractions

Calcul mental Familles des nombres 9 et 90 - Guide pédagogique
Exercices p. 204 - Fichier photocopiable

J'observe

On peut partager un **tout** en **parties égales**.

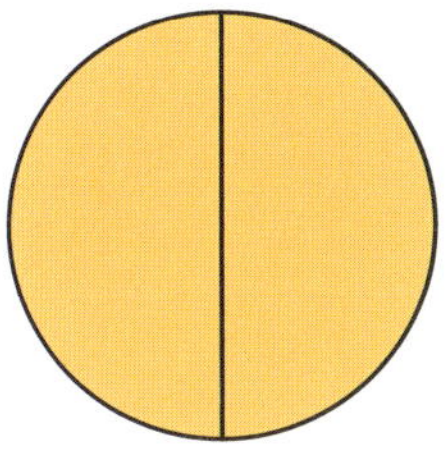

$\frac{2}{2}$ = 1 tout

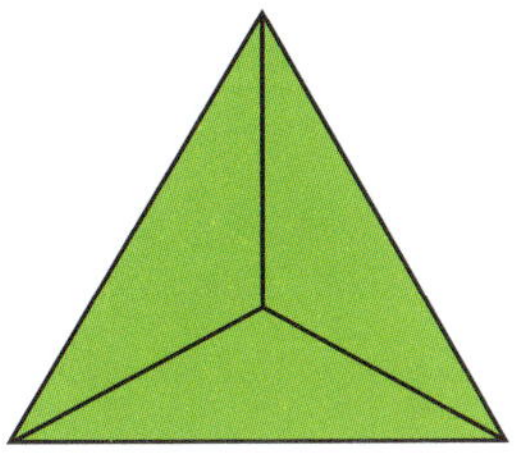

$\frac{3}{3}$ = 1 tout

$\frac{4}{4}$ = 1 tout

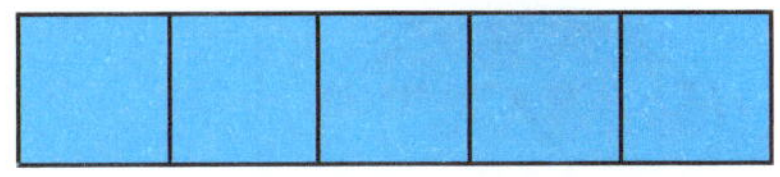

$\frac{5}{5}$ = 1 tout

Les **fractions unitaires** désignent une des parties égales.

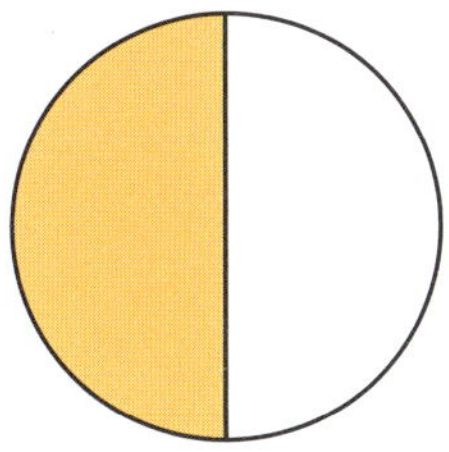

$\frac{1}{2}$

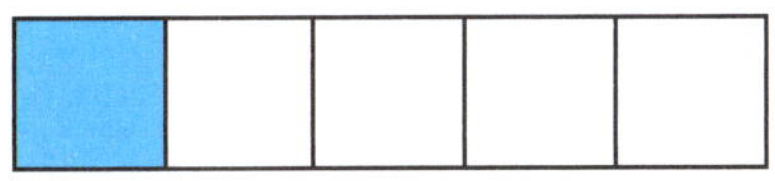

$\frac{1}{5}$

Les **autres fractions** désignent plus d'une partie égale.

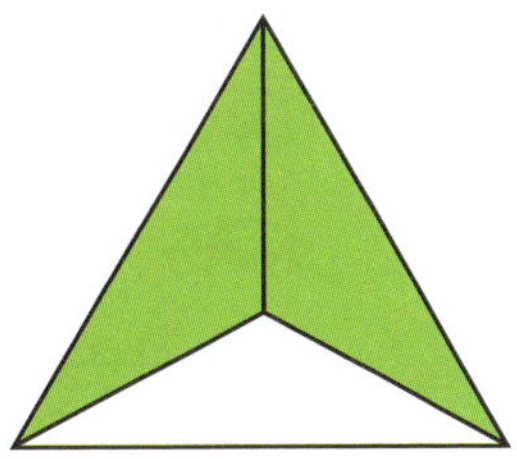

$\frac{2}{3}$, c'est deux fois $\frac{1}{3}$.

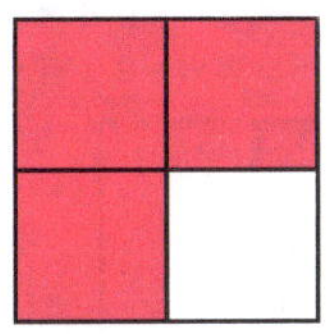

$\frac{3}{4}$, c'est trois fois $\frac{1}{4}$.

Voici trois représentations d'une même fraction :

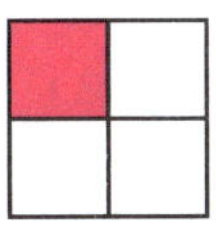

image

un quart

mots

$\frac{1}{4}$

symbole

1 est le **numérateur**.
Il indique le nombre de parties égales coloriées.

4 est le **dénominateur**.
Il indique le nombre de parties égales dans le tout.

1 Complète le tableau avec les fractions manquantes.

	Fraction représentant la partie mangée	Fraction représentant la partie restante	Fraction représentant le tout
	$\frac{\square}{\square}$	$\frac{\square}{\square}$	$\frac{\square}{\square}$
	$\frac{\square}{\square}$	$\frac{\square}{\square}$	$\frac{\square}{\square}$
	$\frac{\square}{\square}$	$\frac{\square}{\square}$	$\frac{\square}{\square}$

2 Une fraction de chaque figure a été coloriée.
Écris le numérateur de chaque fraction.

a) 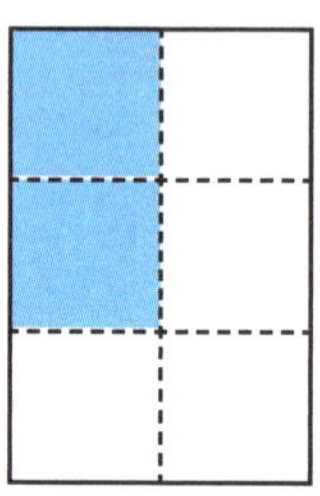 $\frac{\square}{6}$

b) 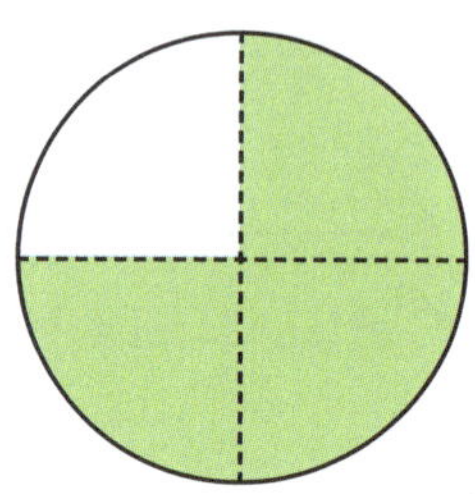 $\frac{\square}{4}$

c) 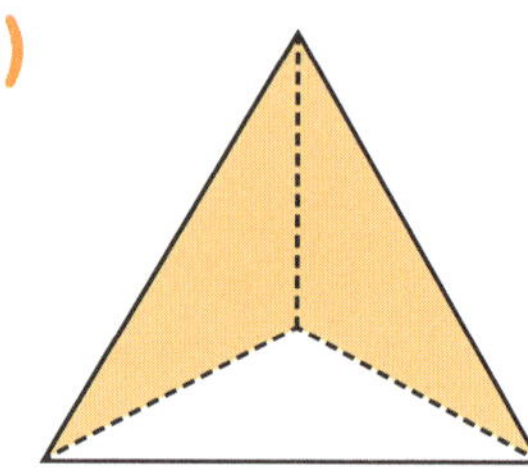 $\frac{\square}{3}$

3 Une fraction de chaque figure a été coloriée.
Écris le dénominateur de chaque fraction.

a) 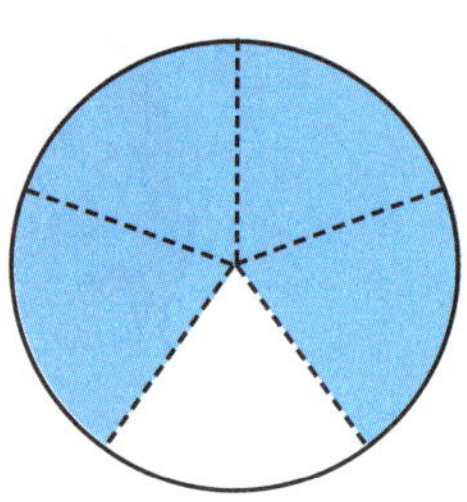 $\frac{4}{\square}$

b) 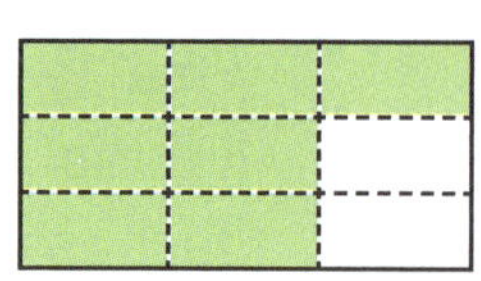 $\frac{7}{\square}$

c) 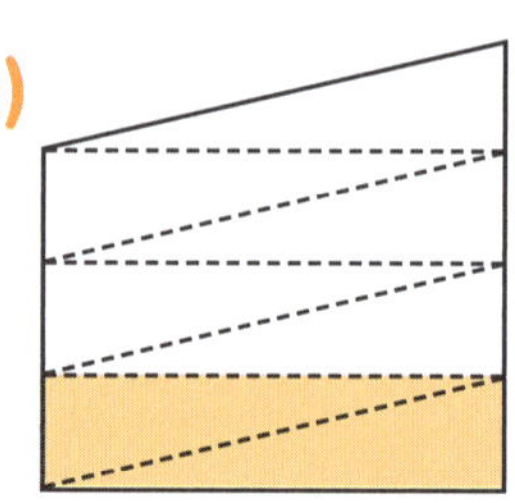 $\frac{2}{\square}$

Séance 107 Représentons des fractions sur une droite numérique

Calcul mental Additionner sur la droite numérique - Guide pédagogique

Exercices pp. 205-206 - Fichier photocopiable

J'observe

Lorsque tu comptes sur une droite numérique, les nombres augmentent d'une unité à chaque fois.

Le segment de 0 à 1 représente 1 **unité**. Si tu le divises en 4 segments égaux, chacun représentera $\frac{1}{4}$ de l'unité.

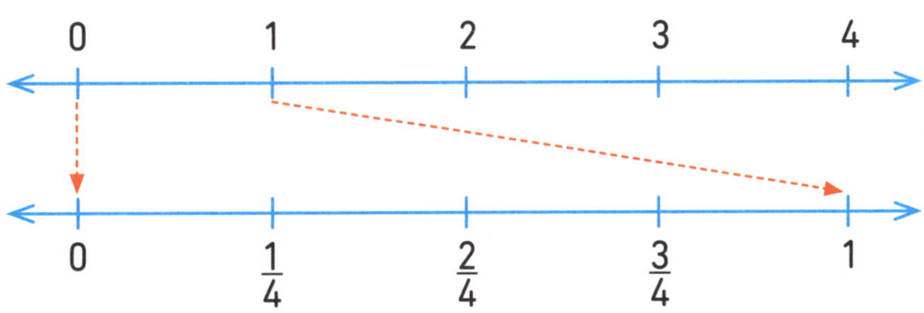

En comptant de quart en quart à partir de 0, tu peux placer les fractions $\frac{1}{4}$, $\frac{2}{4}$ et $\frac{3}{4}$.
Combien de quarts le nombre 1 représente-t-il ?

Voici comment représenter la fraction $\frac{3}{4}$ sur une droite numérique.

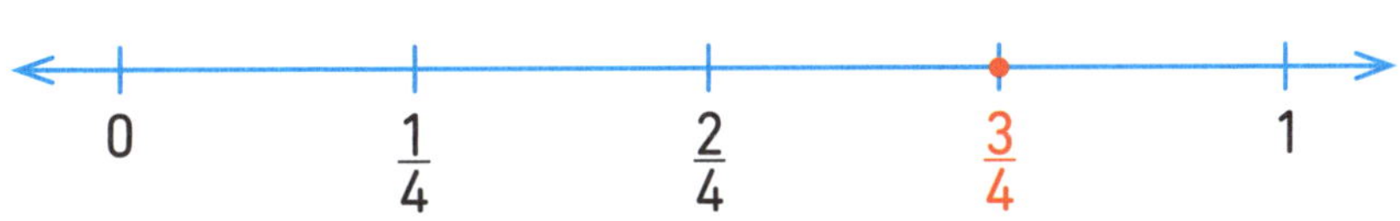

1 Le segment de 0 à 1 représente 1 unité.

Ce segment est divisé en 8 segments égaux.

Chacun représente $\frac{1}{8}$ de l'unité.

a) Compte de huitième en huitième et place les fractions de $\frac{1}{8}$ à $\frac{7}{8}$.

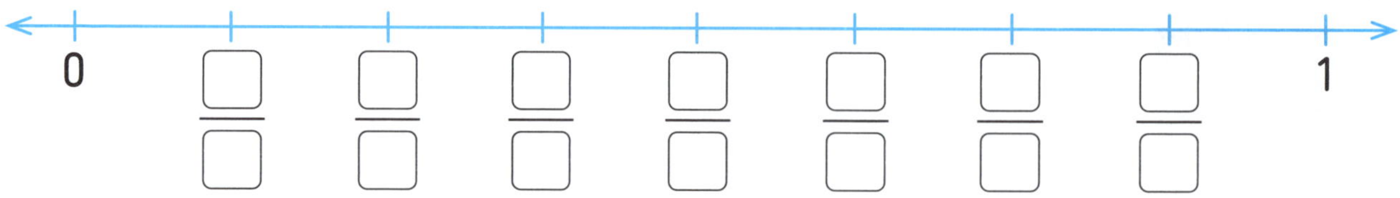

b) Écris le nombre 1 en huitièmes : 1 = $\frac{\square}{\square}$.

2 Quelle fraction de chaque figure est coloriée ?

a)

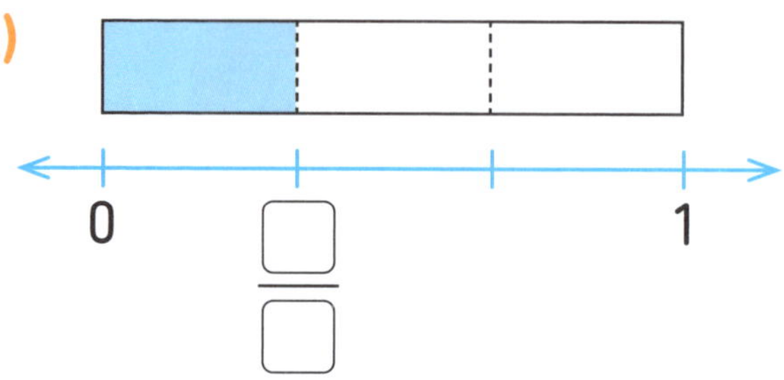

b)

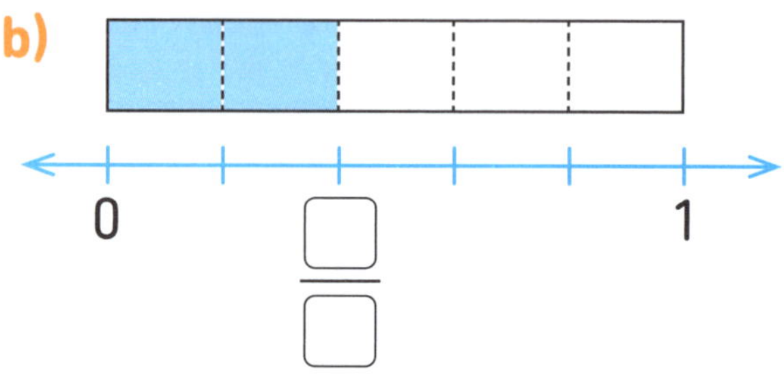

3 Écris la fraction correspondant à la partie rouge de chaque train de cubes.

a)

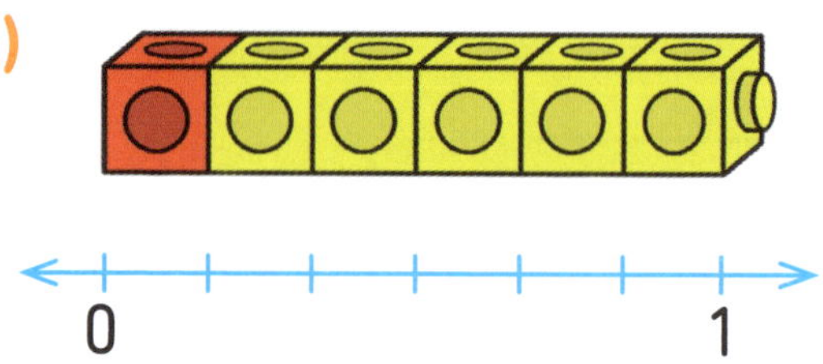

La fraction est $\frac{\square}{\square}$.

b)

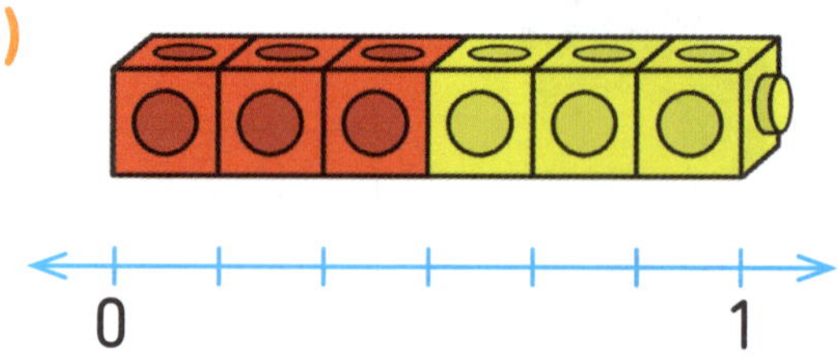

La fraction est $\frac{\square}{\square}$.

c)

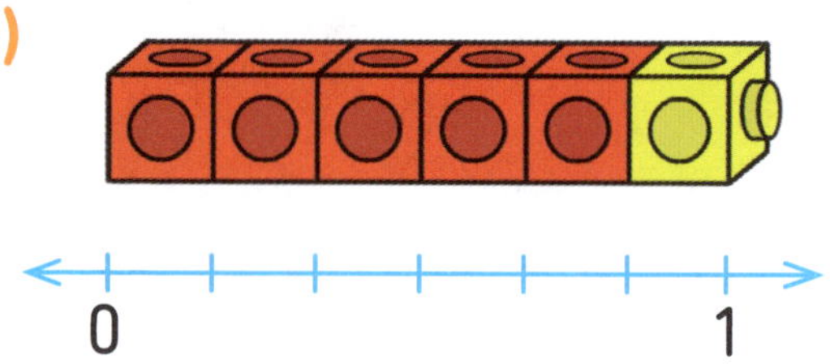

La fraction est $\frac{\square}{\square}$.

d)

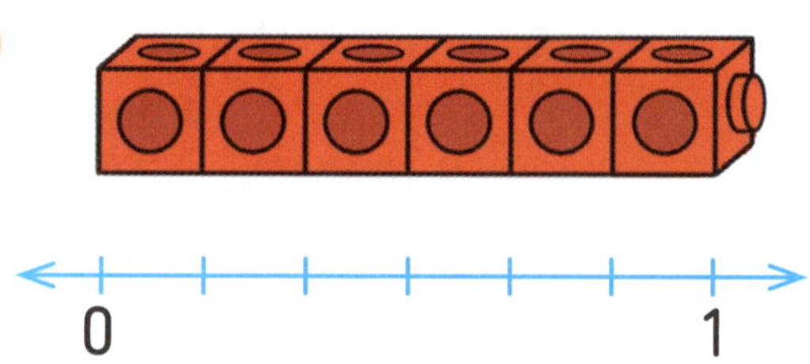

La fraction est $\frac{\square}{\square}$.

Séance 108 Les fractions équivalentes

Calcul mental Soustraire sur la droite numérique - Guide pédagogique

Exercices p. 207 - Fichier photocopiable

J'observe

Ces trois bandes sont toutes de même longueur.
Chacune représente un tout.
Idris, Adèle et Maël ont colorié la même fraction de la bande, pourtant, ils ont écrit des fractions différentes.

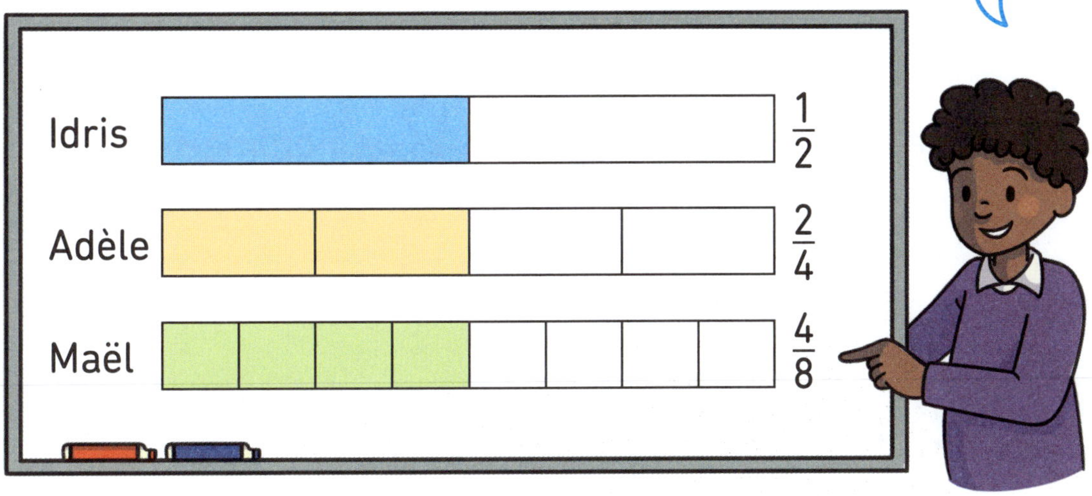

$\frac{1}{2}$, $\frac{2}{4}$ et $\frac{4}{8}$ ont des numérateurs et des dénominateurs différents, mais $\frac{1}{2} = \frac{2}{4} = \frac{4}{8}$.

$\frac{1}{2}$, $\frac{2}{4}$ et $\frac{4}{8}$ sont des écritures différentes d'une même fraction.
Ce sont des **fractions équivalentes**.

1 **a)** Observe la fraction du tout qui est coloriée puis nomme-la.
Que remarques-tu ?

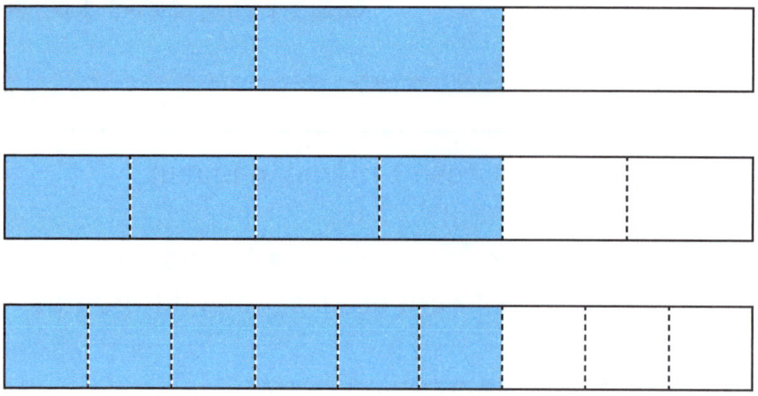

$\frac{\square}{\square}$

$\frac{\square}{\square}$

$\frac{\square}{\square}$

b) Dessine une autre fraction équivalente à $\frac{2}{3}$ et nomme-la.

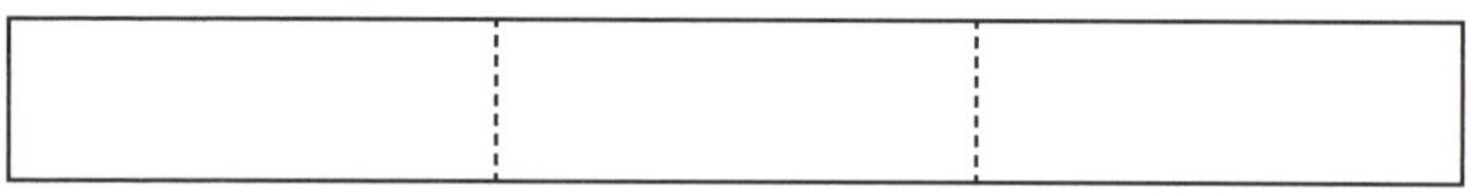

$\frac{\square}{\square}$

2 Complète les fractions équivalentes à un tout.

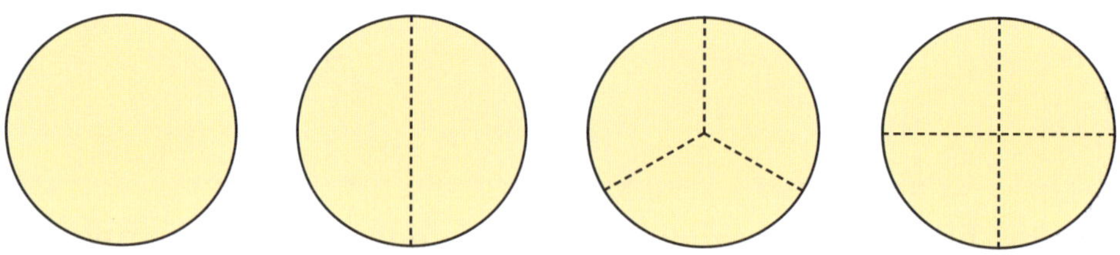

$1 = \frac{\square}{2} = \frac{3}{\square} = \frac{\square}{\square}$

3 Observe les parties égales puis complète les fractions équivalentes.

a)

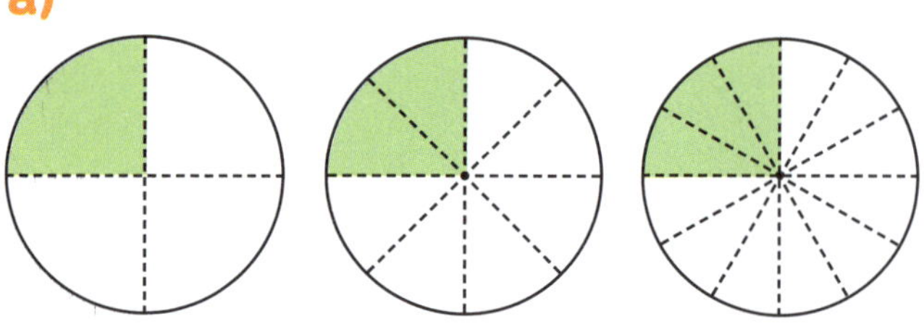

$\frac{1}{4} = \frac{\square}{8} = \frac{\square}{12}$

b)

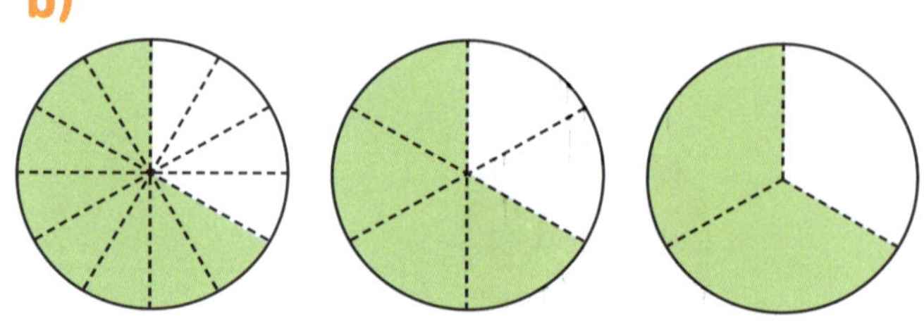

$\frac{8}{12} = \frac{\square}{\square} = \frac{\square}{\square}$

c) Que remarques-tu ?

4 Observe chaque groupe de fractions équivalentes.
Complète les fractions en écrivant le numérateur ou le dénominateur.

a)

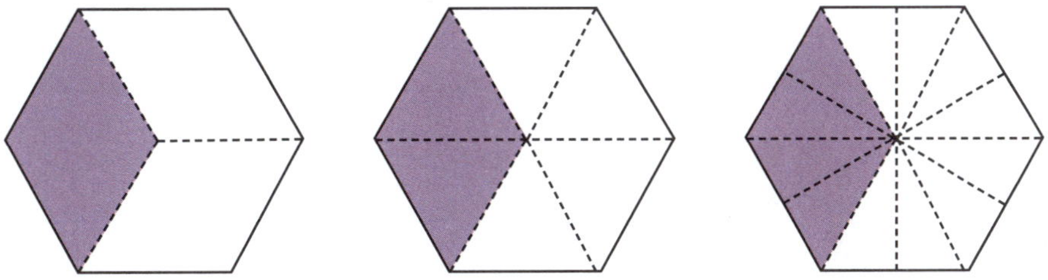

$\frac{1}{3} = \frac{\square}{6} = \frac{4}{\square}$

b)

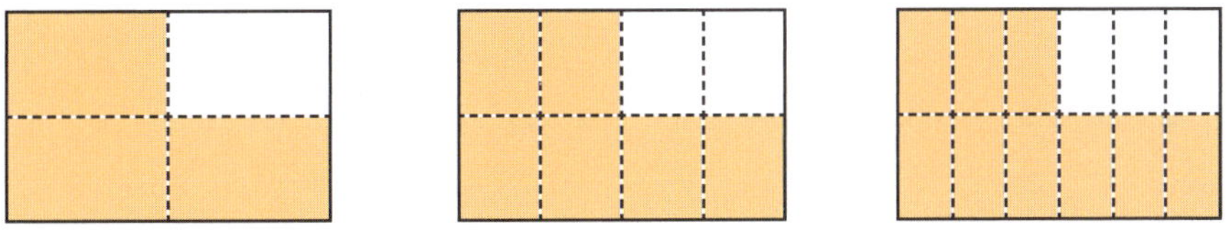

$\frac{3}{4} = \frac{\square}{8} = \frac{9}{\square}$

5 Les parties bleues et vertes représentent la même fraction de la figure jaune ci-contre. Écris les fractions équivalentes.

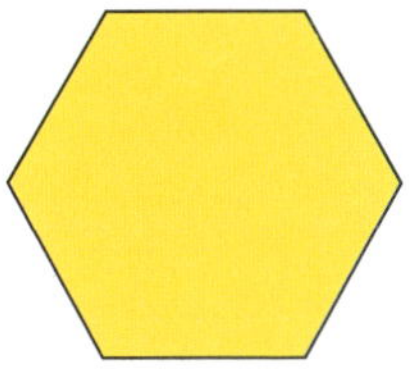

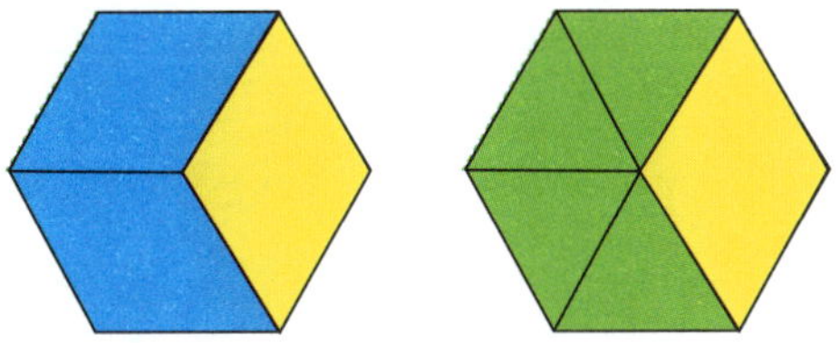

$\frac{\square}{\square} = \frac{\square}{\square}$

6 Voici deux figures identiques. Trace des parties égales sur chaque figure pour représenter deux fractions équivalentes. Écris-les.

$\frac{\square}{\square} = \frac{\square}{\square}$

Séance 109 Représentons les fractions équivalentes sur une droite numérique

Calcul mental Additionner deux nombres - Guide pédagogique

Exercices pp. 208-209 - Fichier photocopiable

J'observe

Tu peux utiliser la droite numérique pour représenter les fractions équivalentes.

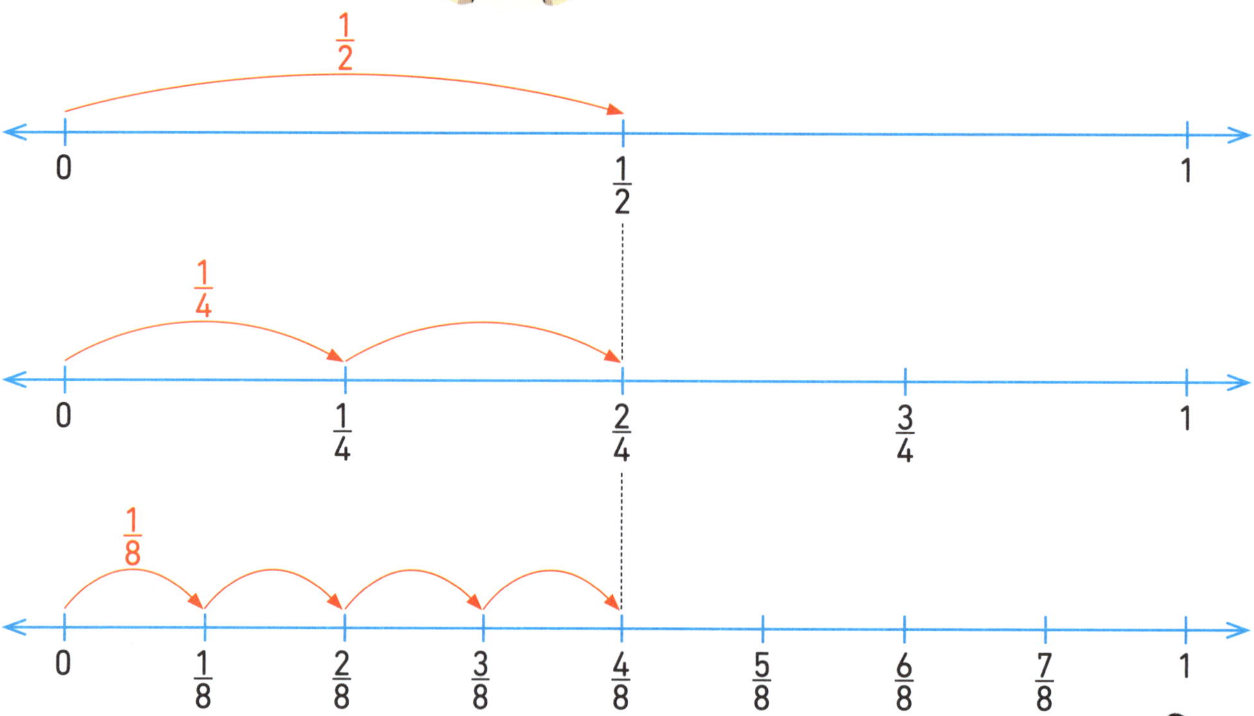

Les fractions $\frac{1}{2}$, $\frac{2}{4}$ et $\frac{4}{8}$ ont toutes la même position sur le segment de 0 à 1 : elles sont au milieu du segment.

Comment faut-il faire pour trouver une fraction équivalente à $\frac{3}{4}$?

1 saut de $\frac{1}{2}$, 2 sauts de $\frac{1}{4}$ ou 4 sauts de $\frac{1}{8}$ représentent la même distance.
La droite numérique permet de voir que $\frac{1}{2} = \frac{2}{4} = \frac{4}{8}$.

1 **a)** Écris les fractions manquantes sur les droites numériques.

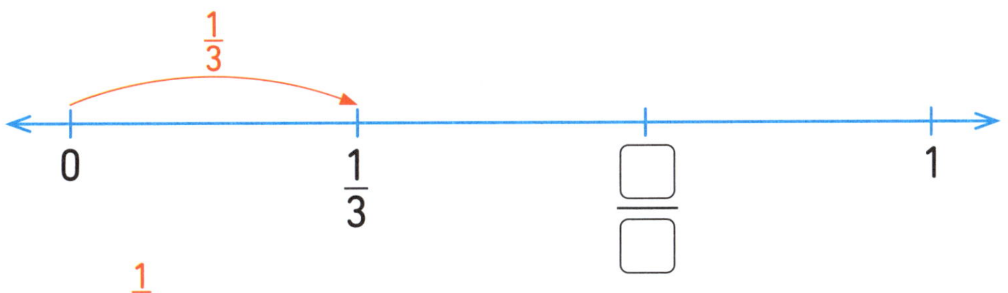

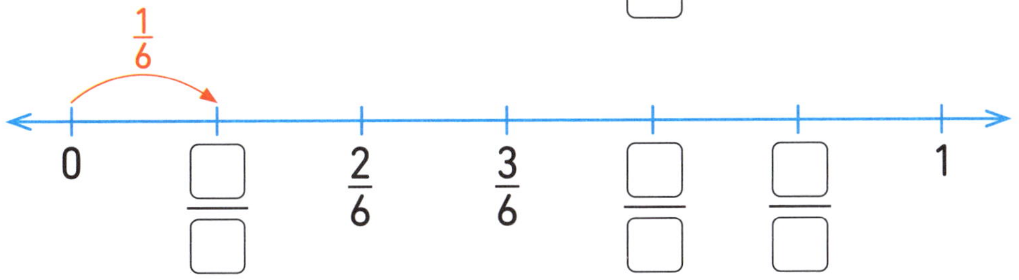

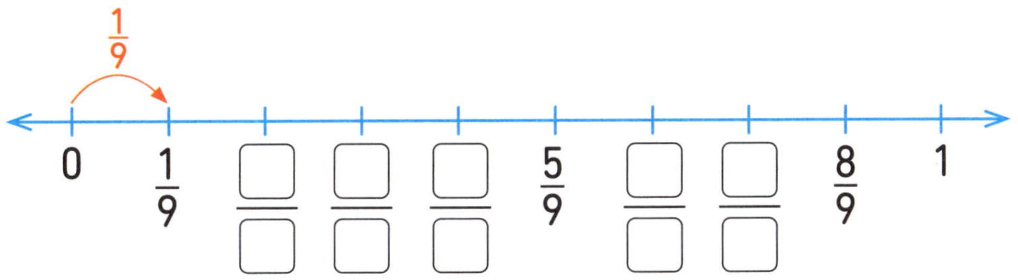

b) Observe les trois droites numériques et trouve deux fractions équivalentes aux fractions ci-dessous.

$\frac{2}{3} = \frac{\square}{\square} = \frac{\square}{\square}$ $\qquad$ $\frac{2}{6} = \frac{\square}{\square} = \frac{\square}{\square}$

2 Emma et ses amis ont mangé les $\frac{3}{4}$ d'une grande pizza.
Théo et ses amis ont mangé les $\frac{9}{12}$ d'une pizza de la même taille.
Utilise les droites numériques ci-dessous pour montrer que les deux groupes d'amis ont mangé la même fraction de pizza.

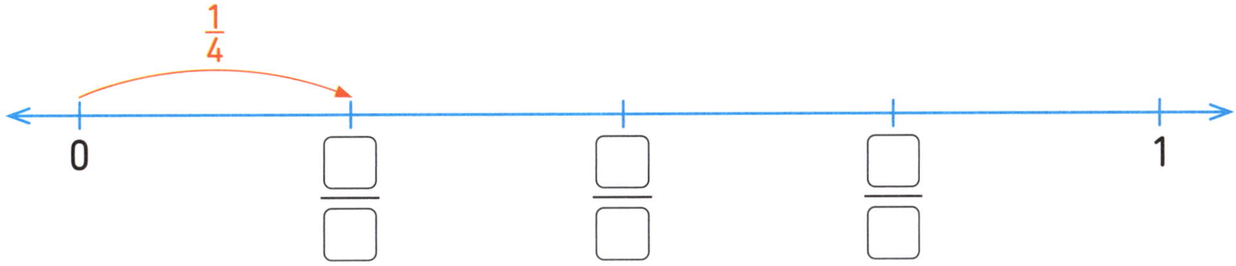

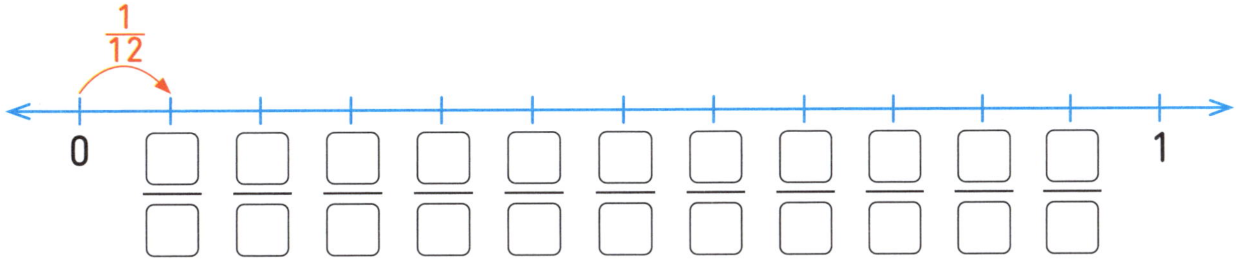

Séance 110 Comparons et ordonnons les fractions

Calcul mental Soustraire deux nombres - Guide pédagogique

Exercices pp. 210-211 - Fichier photocopiable

J'observe

Comparer des fractions, c'est comparer des fractions d'un même tout.

Compare $\frac{3}{5}$ et $\frac{4}{5}$.

Les dénominateurs sont égaux.
Compare les numérateurs : plus le nombre de parties coloriées est grand, plus la fraction est grande.

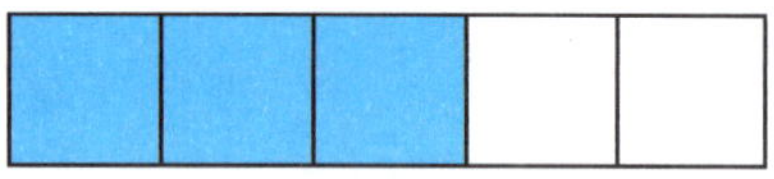

$\frac{3}{5}$ est plus petit que $\frac{4}{5}$.

On écrit $\frac{3}{5} < \frac{4}{5}$.

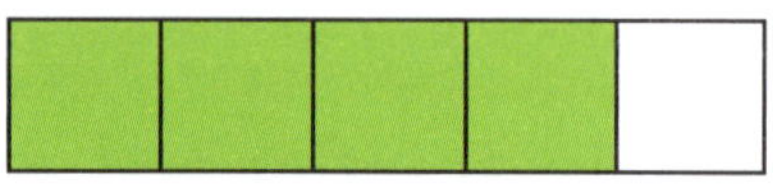

$\frac{4}{5}$ est plus grand que $\frac{3}{5}$.

On écrit $\frac{4}{5} > \frac{3}{5}$.

Compare $\frac{4}{5}$ et $\frac{4}{7}$.

Les numérateurs sont égaux.
Compare les dénominateurs : plus la taille des parties égales est grande, plus la fraction est grande.

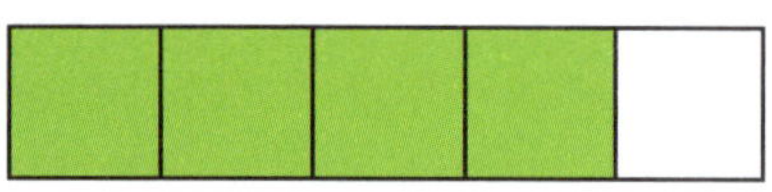

$\frac{4}{5}$ est plus grand que $\frac{4}{7}$.

On écrit $\frac{4}{5} > \frac{4}{7}$.

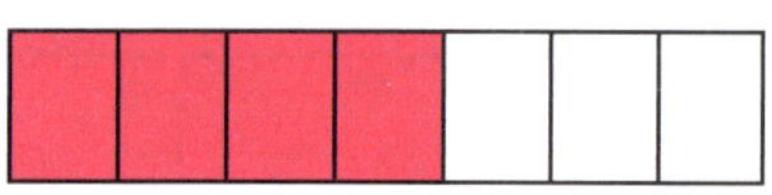

$\frac{4}{7}$ est plus petit que $\frac{4}{5}$.

On écrit $\frac{4}{7} < \frac{4}{5}$.

7 est plus grand que 5, mais $\frac{1}{7}$ est plus petit que $\frac{1}{5}$.

1 Ordonne les fractions de la plus petite à la plus grande.

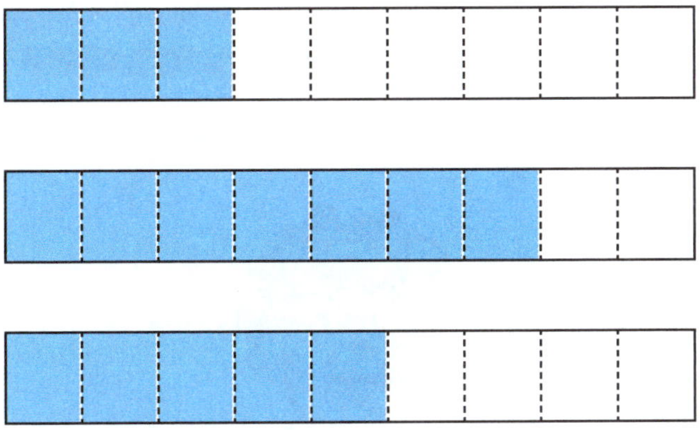

$\frac{3}{9}$

$\frac{7}{9}$

$\frac{5}{9}$

$\frac{\square}{\square} < \frac{\square}{\square} < \frac{\square}{\square}$

2 Ordonne les fractions de la plus grande à la plus petite.

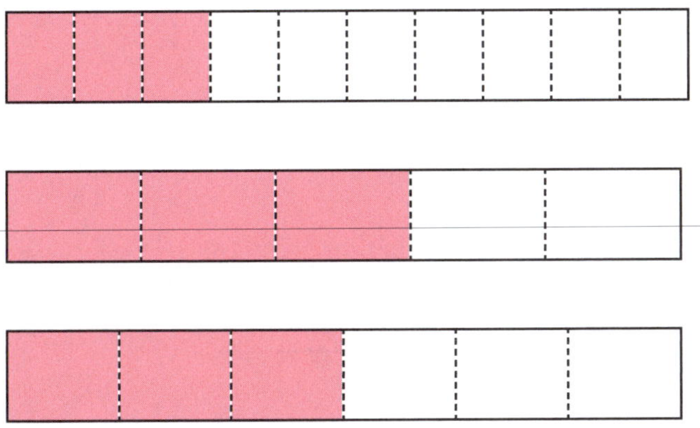

$\frac{3}{10}$

$\frac{3}{5}$

$\frac{3}{6}$

$\frac{\square}{\square} > \frac{\square}{\square} > \frac{\square}{\square}$

3 Utilise le mur de fractions suivant pour ordonner $\frac{1}{2}$, $\frac{3}{4}$ et $\frac{5}{8}$ de la plus petite fraction à la plus grande.

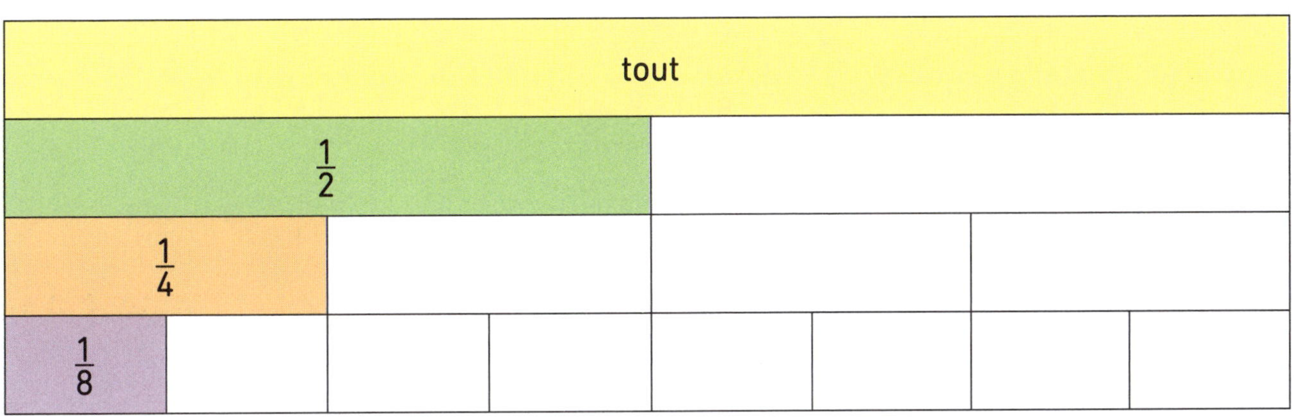

$\frac{\square}{\square} < \frac{\square}{\square} < \frac{\square}{\square}$

Séance 111 Représentons les comparaisons de fractions sur une droite numérique

Calcul mental Transformer une addition - Guide pédagogique

Exercices pp. 212-213 - Fichier photocopiable

J'observe

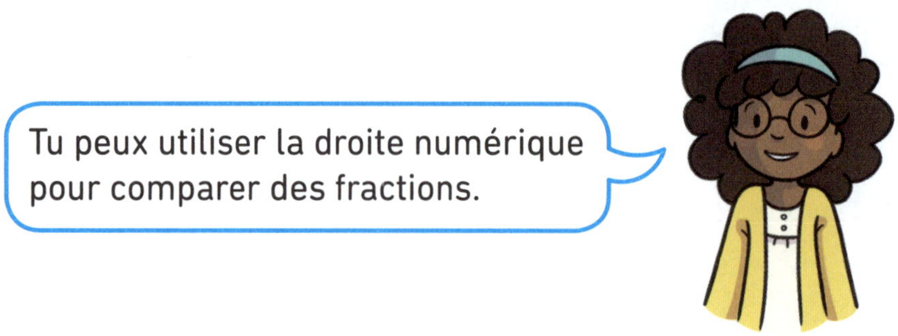

Quand on compare des fractions de même dénominateur, on compare des parties égales.

Une droite numérique permet de visualiser que $\frac{4}{5} > \frac{3}{5}$.

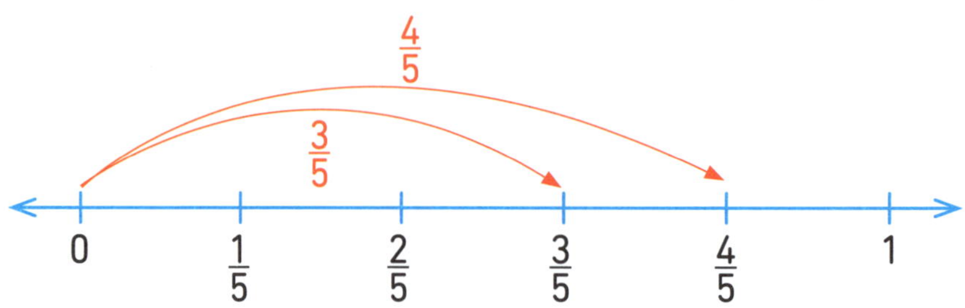

Quand on compare des fractions ayant des dénominateurs différents, on compare des parties inégales.

Deux droites numériques permettent de visualiser que $\frac{4}{5} > \frac{4}{7}$.

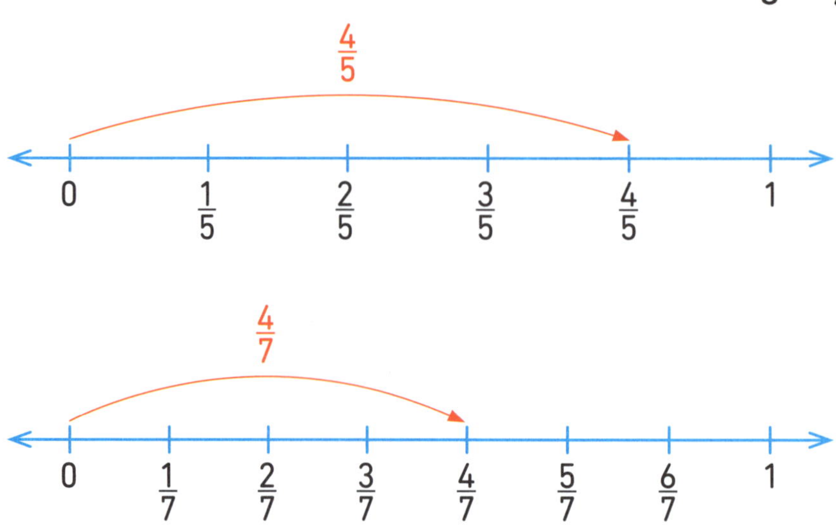

1 **a)** Place les fractions $\frac{2}{6}$ et $\frac{5}{6}$ sur la droite numérique puis compare-les.

$\frac{2}{6} \bigcirc \frac{5}{6}$ ou $\frac{5}{6} \bigcirc \frac{2}{6}$

b) Ordonne les fractions $\frac{6}{6}$, $\frac{2}{6}$ et $\frac{5}{6}$ de la plus petite à la plus grande.

$\frac{\square}{\square} < \frac{\square}{\square} < \frac{\square}{\square}$

2 Place les fractions $\frac{4}{5}$ et $\frac{4}{8}$ sur la droite numérique qui convient puis compare-les.

$\frac{\square}{\square} < \frac{\square}{\square}$ ou $\frac{\square}{\square} > \frac{\square}{\square}$

3 Utilise les droites numériques pour comparer les fractions $\frac{3}{4}$ et $\frac{5}{8}$.
Que remarques-tu ?

$\frac{3}{4} \bigcirc \frac{5}{8}$

ou

$\frac{5}{8} \bigcirc \frac{3}{4}$

Séance 112 Additionnons les fractions

Calcul mental Transformer une soustraction - Guide pédagogique
Exercices p. 214 - Fichier photocopiable

J'observe

Alice a mangé $\frac{1}{5}$ d'une barre de chocolat.

Idris a mangé $\frac{2}{5}$ de la même barre de chocolat.

Quelle fraction de la barre ont-ils mangée à eux deux ?

Lorsqu'on additionne des fractions de même dénominateur, on additionne des parts de même taille.

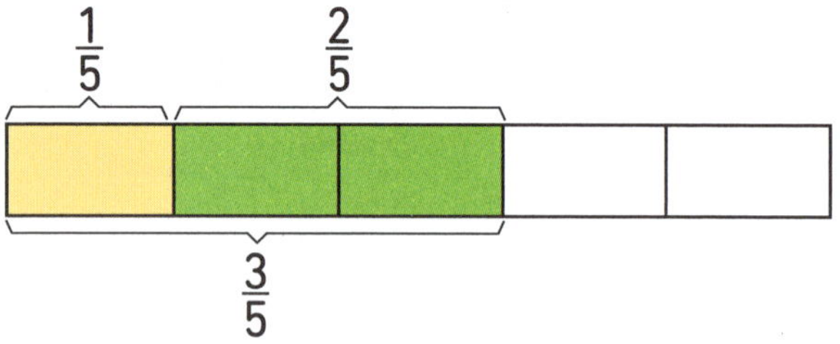

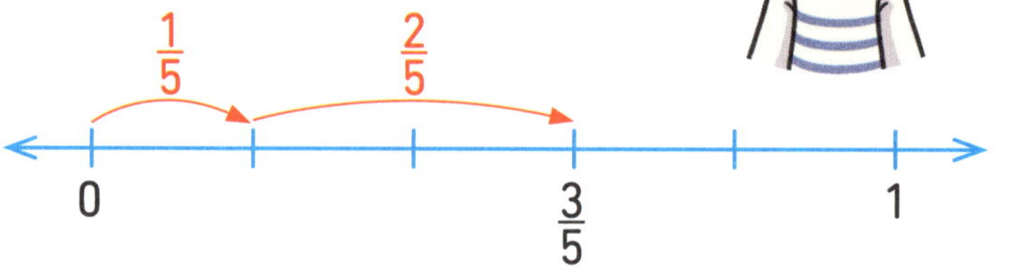

$$\frac{1}{5} + \frac{2}{5} = \frac{3}{5}$$

Maël a mangé $\frac{1}{2}$ tartelette aux pommes.

Adèle a mangé $\frac{1}{4}$ de la même tartelette aux pommes.

Quelle fraction de la tartelette ont-ils mangée à eux deux ?

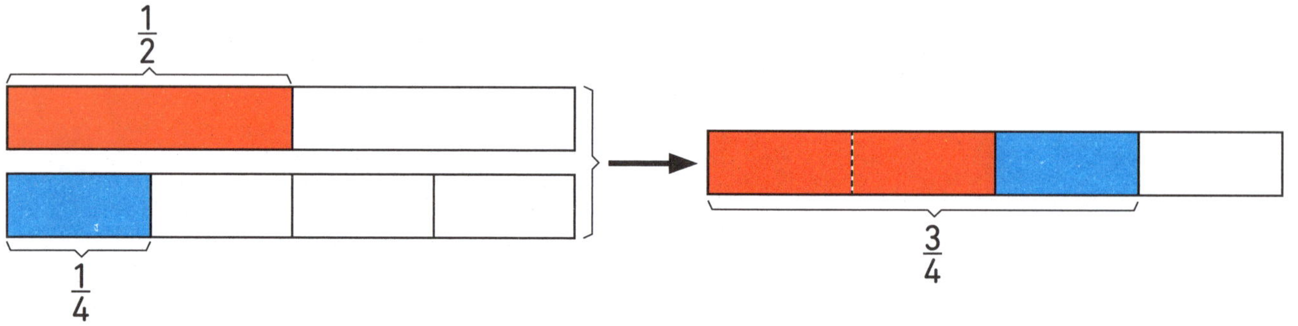

Tu peux diviser $\frac{1}{2}$ en deux parties égales : tu obtiens $\frac{2}{4}$.
$\frac{2}{4}$ et $\frac{1}{2}$ sont des fractions équivalentes.

Additionne maintenant $\frac{2}{4}$ et $\frac{1}{4}$.
$\frac{2}{4} + \frac{1}{4} = \frac{3}{4}$

$$\frac{1}{2} + \frac{1}{4} = \frac{3}{4}$$

1 Inès et Gabriel veulent peindre le mur de leur jardin en deux jours.
Le premier jour, Inès peint $\frac{2}{7}$ du mur et Gabriel peint $\frac{3}{7}$ du mur.
Quelle fraction du mur a été peinte le premier jour ?

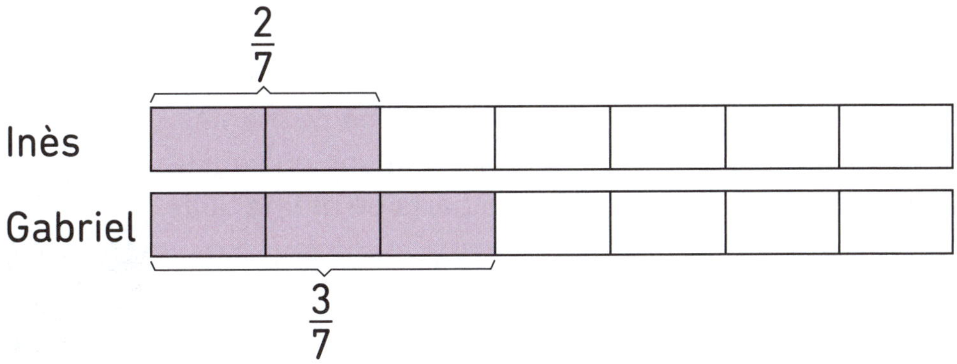

$$\frac{\square}{\square} + \frac{\square}{\square} = \frac{\square}{\square}$$

Réponse : ____________________

2 Additionne $\frac{3}{10}$ et $\frac{2}{5}$.

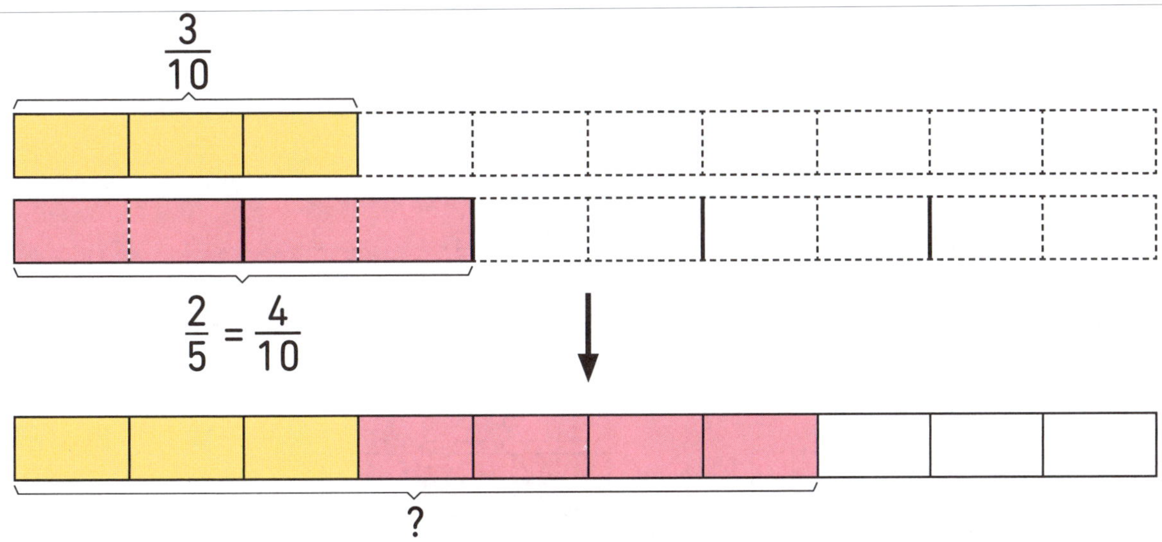

$$\frac{3}{10} + \frac{2}{5} = \frac{3}{10} + \frac{\square}{10} = \frac{\square}{\square}$$

3 Fais un dessin pour représenter la somme des fractions $\frac{1}{3}$ et $\frac{2}{6}$.

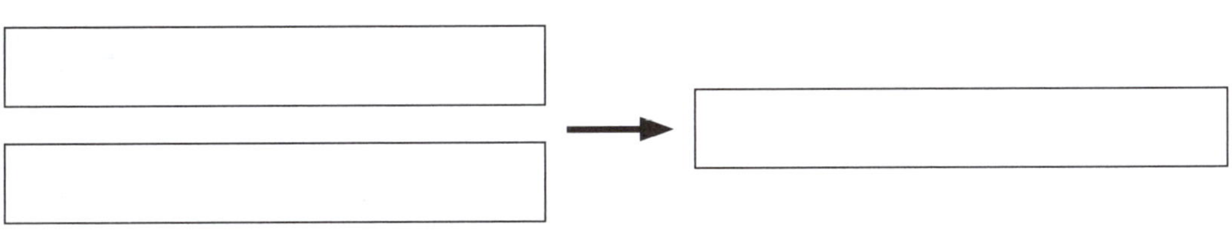

Séance 113 Soustrayons les fractions

Calcul mental Les doubles et les presque-doubles - Guide pédagogique
Exercices p. 215 - Fichier photocopiable

J'observe

Maël a $\frac{5}{8}$ d'une barre de chocolat.

Adèle mange $\frac{2}{8}$ de cette barre.

Quelle fraction reste-t-il de la barre de chocolat ?

Lorsqu'on soustrait des fractions de même dénominateur, on soustrait des parts de même taille.

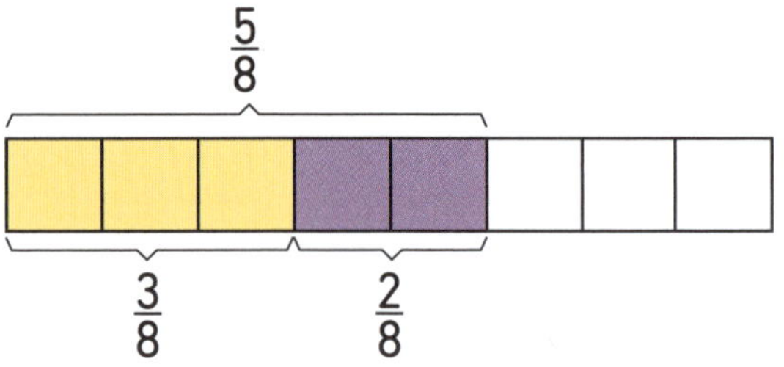

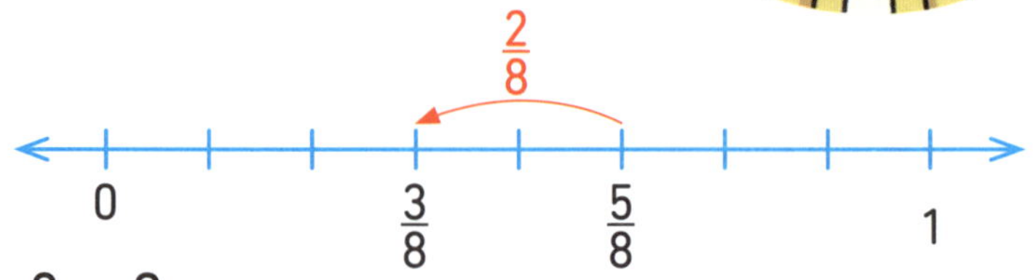

$$\frac{5}{8} - \frac{2}{8} = \frac{3}{8}$$

Idris a mangé $\frac{1}{3}$ d'une tarte aux pommes.

Alice a mangé $\frac{1}{6}$ de la même tarte aux pommes.

Quel enfant a mangé le plus de tarte ? Quelle fraction de plus a-t-il mangée ?

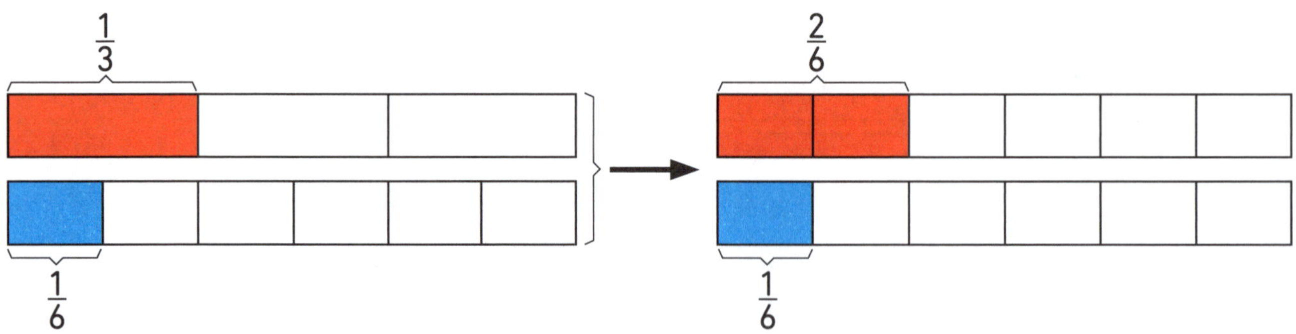

Tu peux diviser $\frac{1}{3}$ en deux parties égales : tu obtiens $\frac{2}{6}$.
$\frac{2}{6}$ et $\frac{1}{3}$ sont des fractions équivalentes.

Soustrais maintenant $\frac{1}{6}$ de $\frac{2}{6}$.
$\frac{2}{6} - \frac{1}{6} = \frac{1}{6}$

$$\frac{1}{3} - \frac{1}{6} = \frac{1}{6}$$

1 Samia et Bastien ont acheté la même bouteille de jus de fruits.

Samia a bu les $\frac{4}{5}$ de sa bouteille, Bastien a bu les $\frac{2}{5}$ de la sienne.

Quel enfant a bu le moins de jus ? Quelle fraction de moins a-t-il bue ?

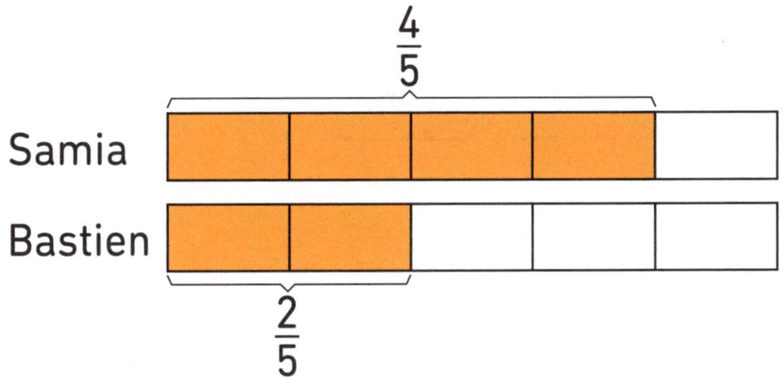

$$\frac{\square}{\square} - \frac{\square}{\square} = \frac{\square}{\square}$$

Réponse :

2 Trouve la différence entre $\frac{1}{10}$ et $\frac{4}{5}$.

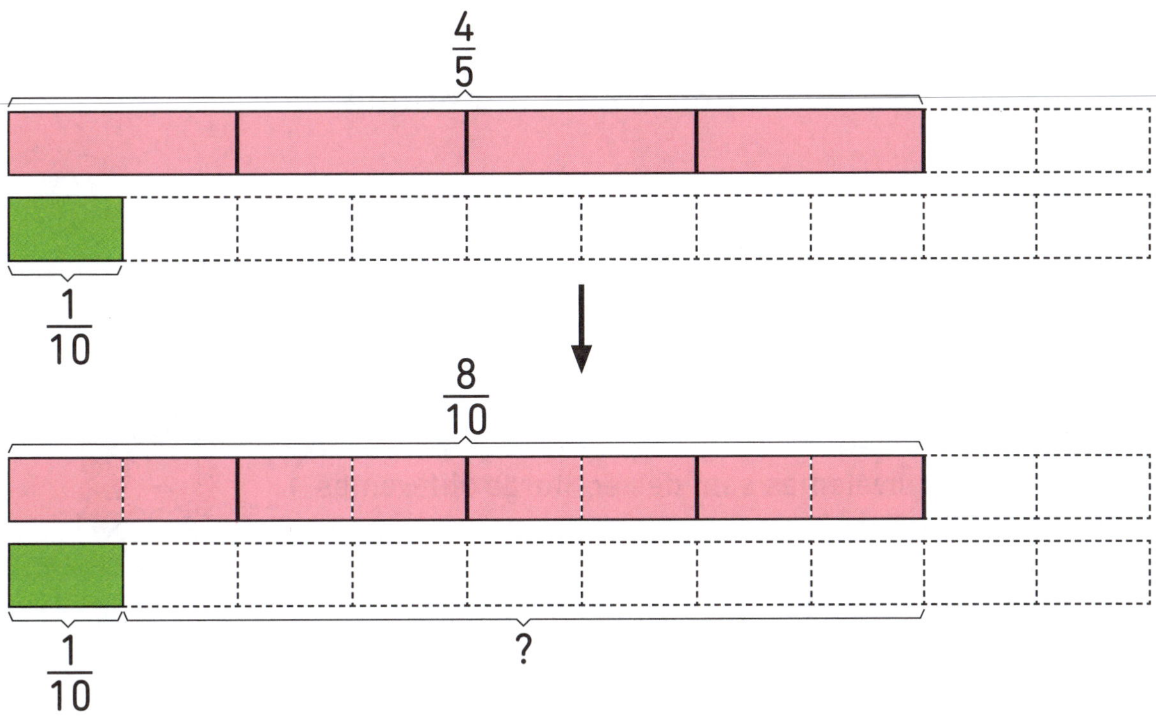

$$\frac{4}{5} - \frac{1}{10} = \frac{\square}{10} - \frac{1}{10} = \frac{\square}{\square}$$

3 Fais un dessin pour représenter la différence entre les fractions $\frac{5}{8}$ et $\frac{1}{4}$.

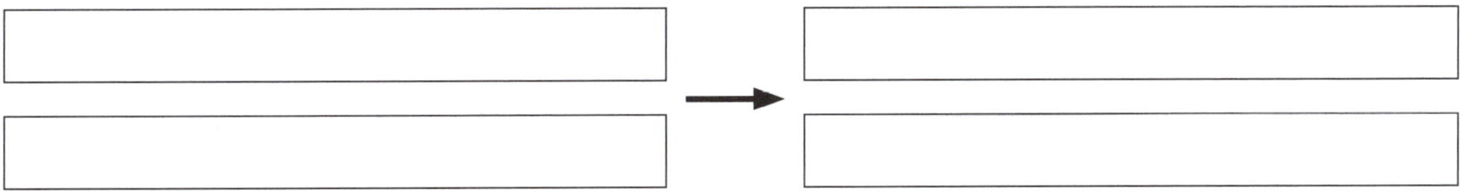

Ce que j'ai appris

Représenter les fractions

Je sais représenter une même fraction à l'aide...

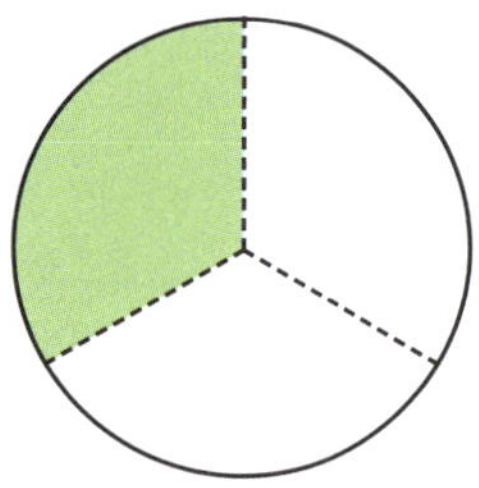 d'une image	*un tiers* de mots	$\frac{1}{3}$ d'un symbole mathématique

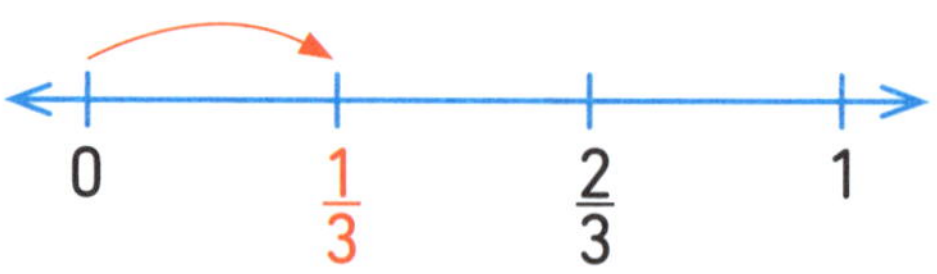

d'une droite numérique

Le **numérateur** indique le nombre de parties égales dont il est question.
Le **dénominateur** indique le nombre de parties égales dans le tout.

Écrire des fractions équivalentes

Les fractions équivalentes sont des écritures différentes d'une même fraction.
Leur numérateur et leur dénominateur sont différents, mais les fractions représentent la même quantité.

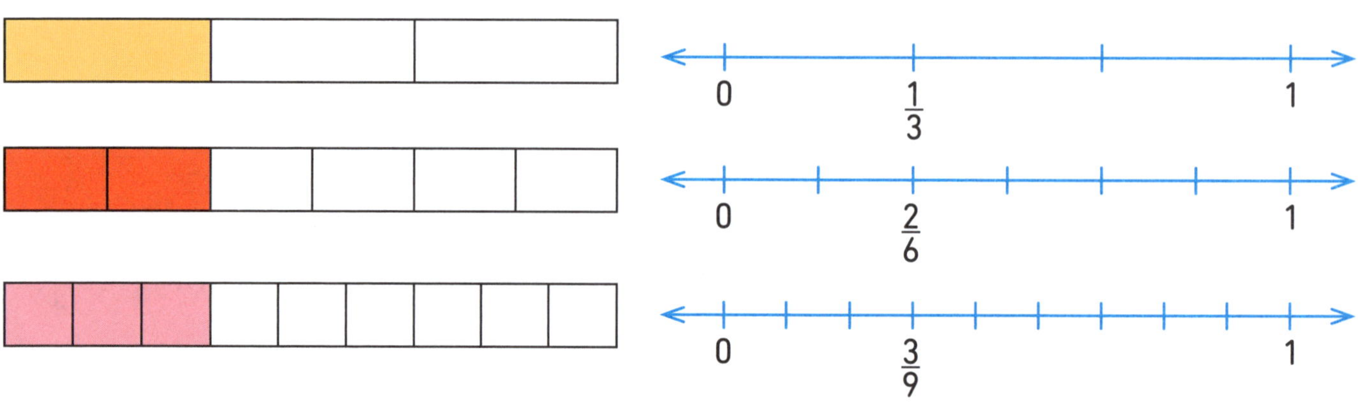

Explorons pp. 216-217 - Fichier photocopiable

Mon journal p. 218 - Fichier photocopiable

Comparer des fractions d'un même tout

Je sais comparer deux fractions de même dénominateur.
Je sais aussi comparer deux fractions de même numérateur.

Même dénominateur

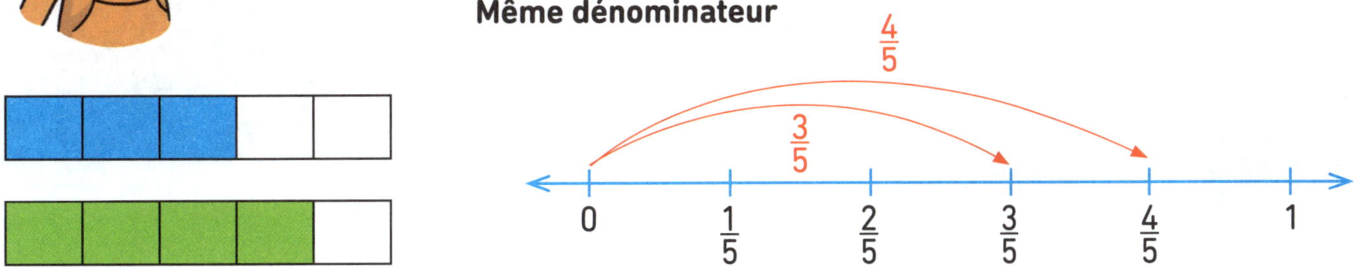

$\frac{3}{5} < \frac{4}{5}$ ou $\frac{4}{5} > \frac{3}{5}$

Même numérateur

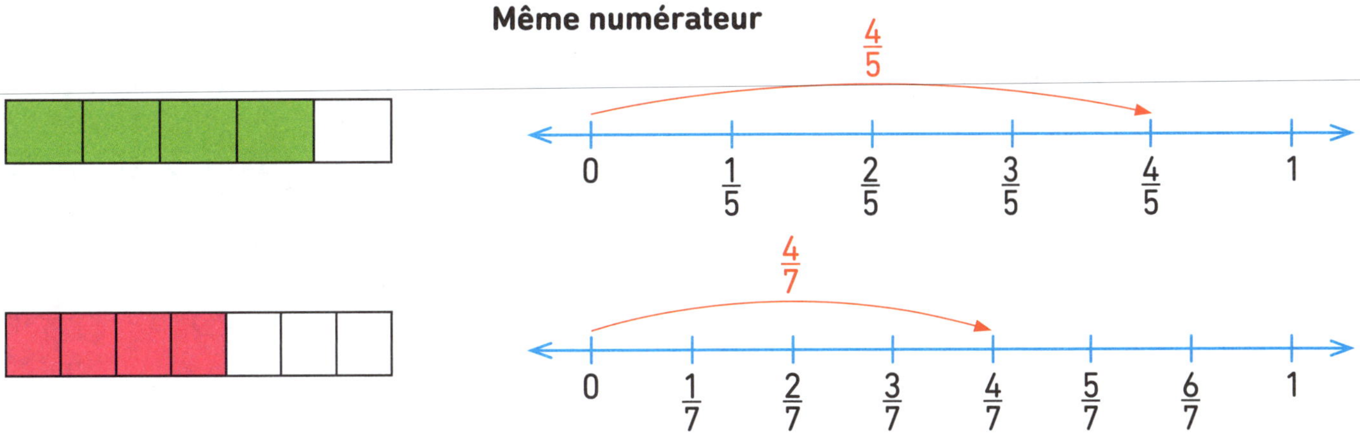

$\frac{4}{7} < \frac{4}{5}$ ou $\frac{4}{5} > \frac{4}{7}$

Additionner et soustraire des fractions

$\frac{1}{9} + \frac{4}{9} = \frac{5}{9}$ $\frac{7}{8} - \frac{4}{8} = \frac{3}{8}$

Je sais additionner et soustraire des fractions de même dénominateur.

Lorsque deux fractions n'ont pas le même dénominateur, j'utilise les fractions équivalentes pour les additionner ou les soustraire.

$\frac{1}{2} + \frac{1}{4} = \frac{2}{4} + \frac{1}{4} = \frac{3}{4}$

$\frac{1}{3} - \frac{1}{6} = \frac{2}{6} - \frac{1}{6} = \frac{1}{6}$

Unité

13 L'heure et la durée

Séance 115 Lisons les heures et les minutes (1)

Calcul mental Décomposer un nombre (1) - Guide pédagogique
Exercices p. 219 - Fichier photocopiable

J'observe

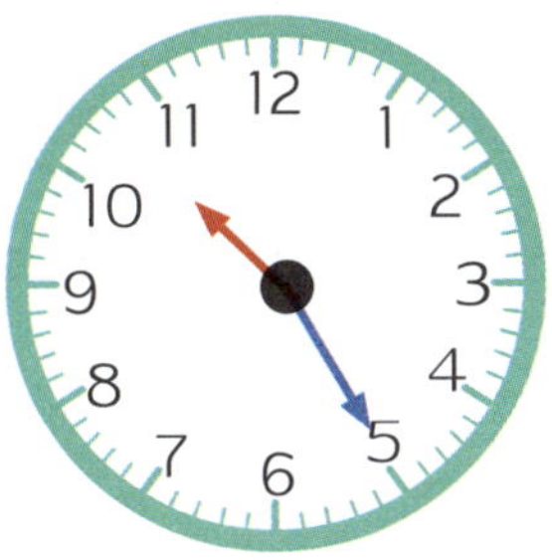

C'est 25 minutes après 10 heures.

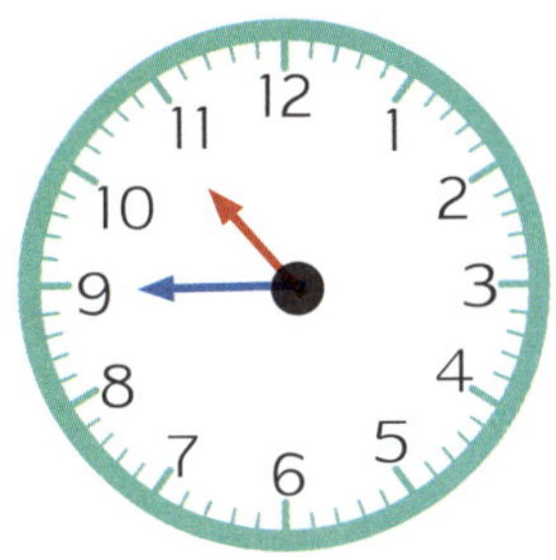

C'est 15 minutes avant 11 heures, soit un quart d'heure avant 11 heures.

On dit aussi : 11 heures moins le quart.

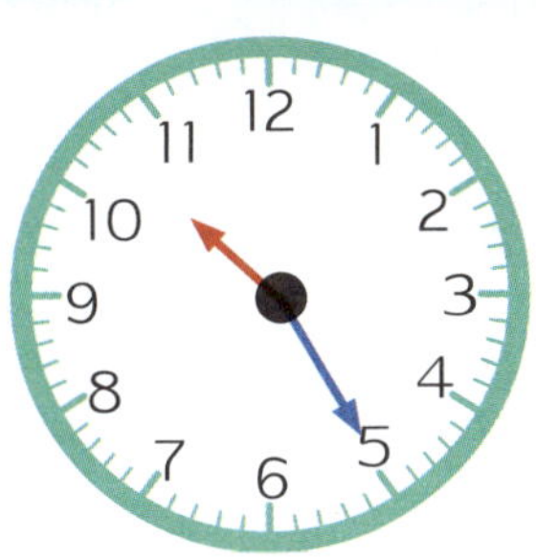

C'est 25 minutes après 22 heures.

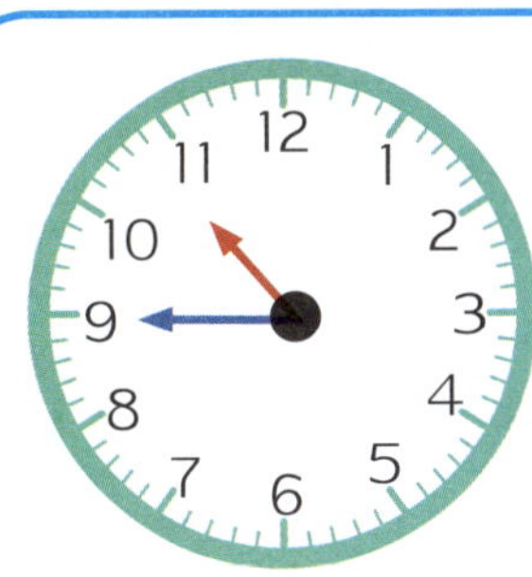

C'est 45 minutes après 22 heures.

Lisons les heures et les minutes (2)

Calcul mental Décomposer un nombre (2) - Guide pédagogique

Exercices pp. 220-221 - Fichier photocopiable

1 Écris l'heure indiquée sur chaque horloge.

matin		après-midi/soir
a) ____ minutes après 10 h On lit 10 h 20.	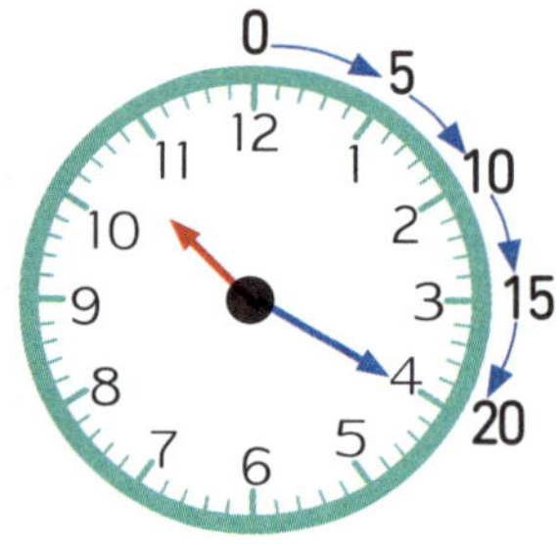	____ minutes après 22 h On lit 22 h 20.
b) ____ minutes après minuit On lit 0 h 24 ou minuit 24.	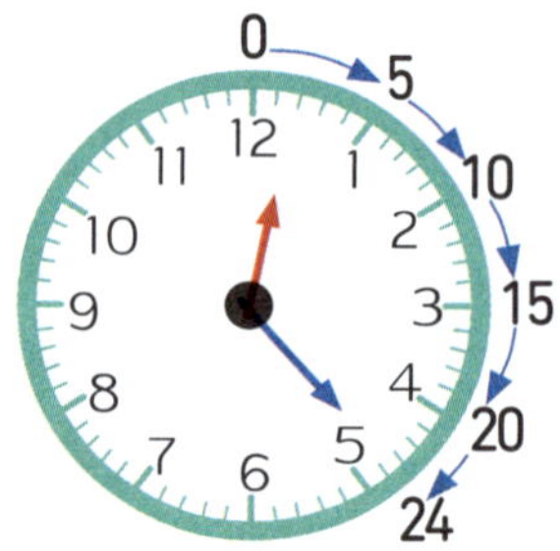	____ minutes après midi On lit 12 h 24 ou midi 24.
c) 12 minutes après ____ h On lit ____ h ____.	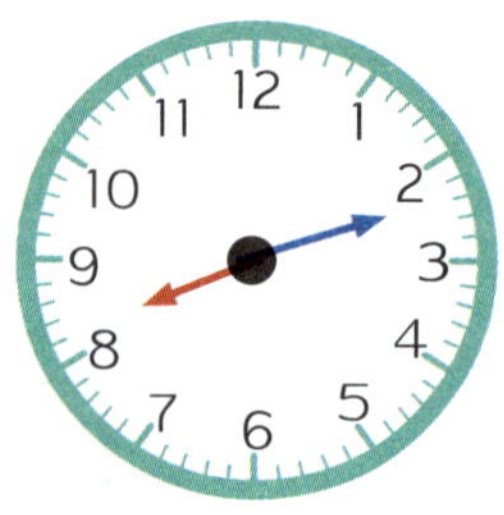	12 minutes après ____ h On lit ____ h ____.
d) • 45 minutes après ____ h On lit ____ h ____. • ____ minutes avant 7 h On lit 7 h ____________.	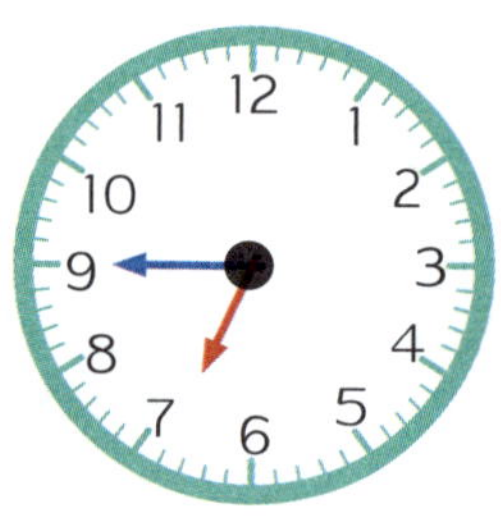	45 minutes après ____ h On lit ____ h ____.
e) • ____ minutes après ____ h On lit ____ h ____. • ____ minutes avant 4 h On lit 4 h ____________.	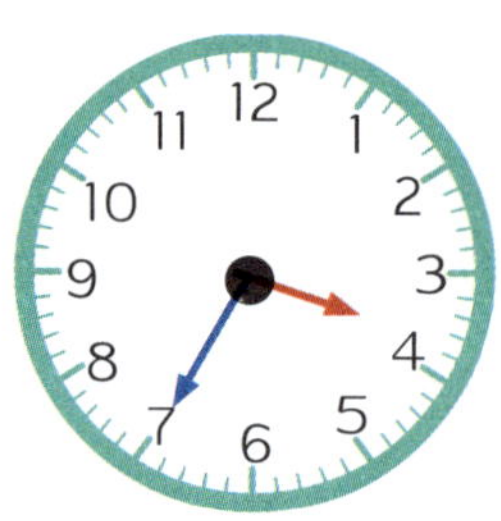	____ minutes après ____ h On lit ____ h ____.

2 Utilise une  pour montrer les heures suivantes.

a) 10 heures   b) 20 minutes plus tard   c) encore 40 minutes plus tard

3 Dessine l'aiguille manquante.

a) 11 h moins 10
ou 10 h 50 ou 22 h 50

b) 9 h 10
ou 21 h 10

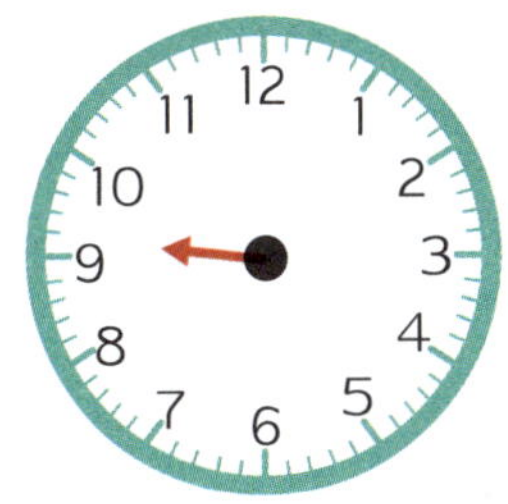

c) 5 h 20
ou 17 h 20

d) 10 h moins 20
ou 9 h 40 ou 21 h 40

4 Écris l'heure de deux façons différentes.

a) 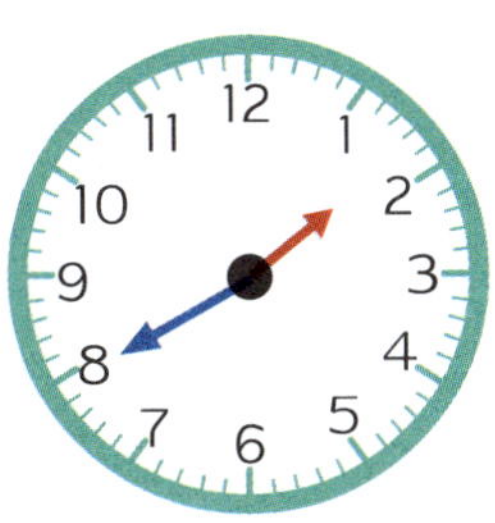

avant midi

____

après midi

____

b) 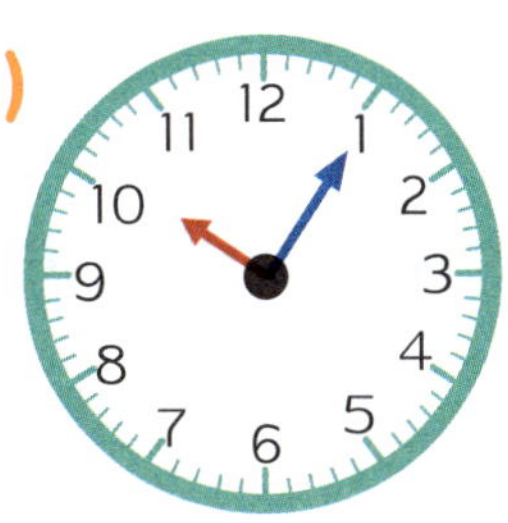

avant midi

____

après midi

____

5 Relie les étiquettes qui indiquent la même heure.

10 heures et quart	2 heures moins le quart	13 h 30	5 h 40
1 h 45	1 heure et demie	10 h 15	6 heures moins vingt

Séance 117 Calculons la durée avec des horloges

Calcul mental Compléments à la dizaine/centaine supérieure - Guide pédagogique

Exercices pp. 222-224 - Fichier photocopiable

J'observe

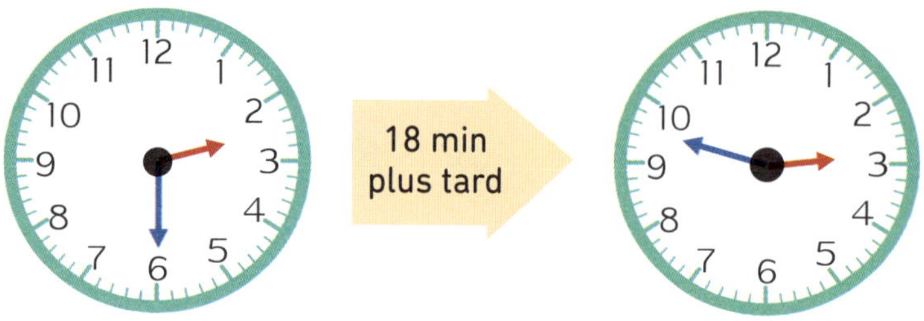

Entre 2 h 30 et 2 h 48, une **durée** de 18 min s'est écoulée.

Entre 2 h 03 et 4 h 03, une durée de 2 h s'est écoulée.

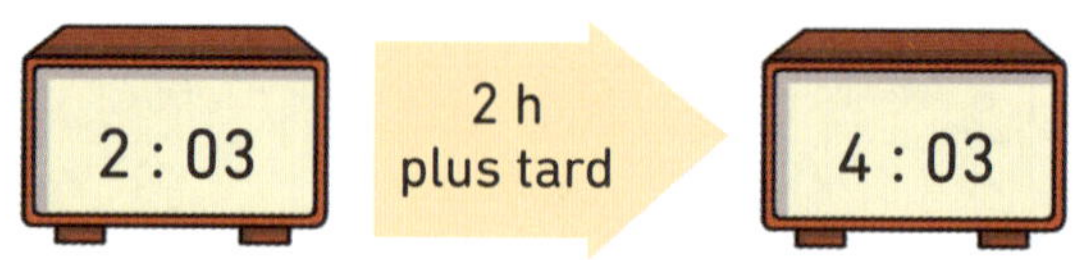

1 Complète avec le nombre de minutes ou d'heures qui se sont écoulées.

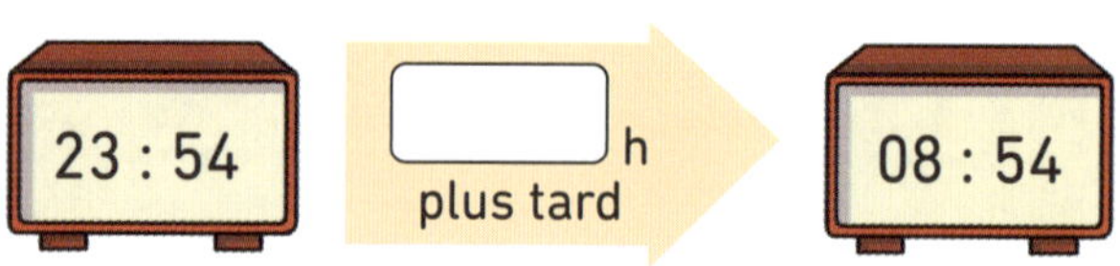

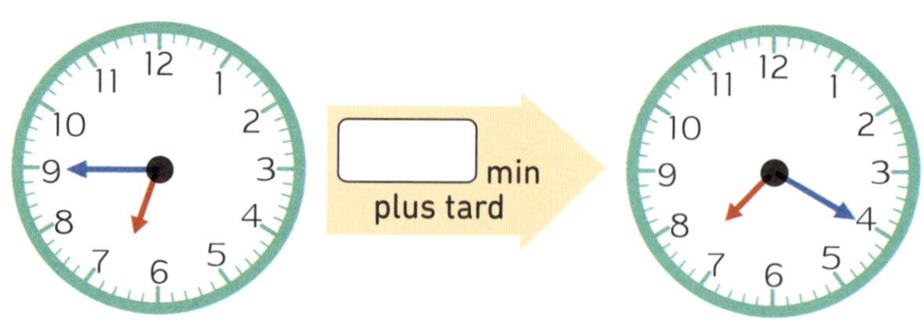

2 **a)** Combien de temps s'écoule-t-il entre 7 h et 8 h 45 ?

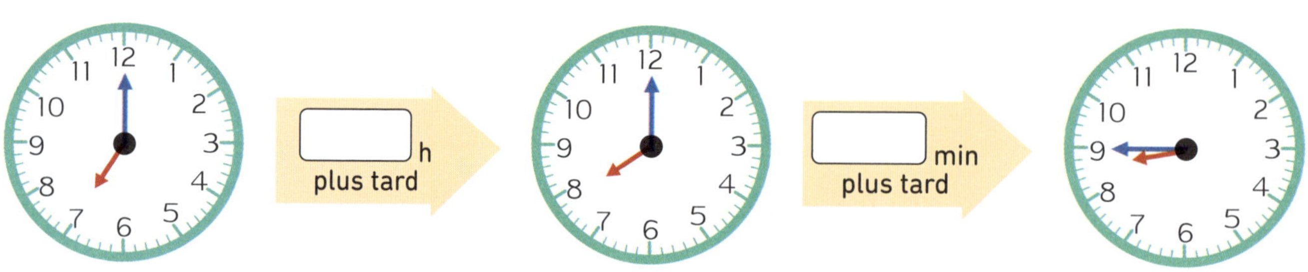

b) Combien de temps s'écoule-t-il entre 20 h 54 et 23 h ?

Séance 118 Convertissons les heures en minutes

Calcul mental Compléments au millier supérieur - Guide pédagogique
Exercices pp. 225-226 - Fichier photocopiable

J'observe

Alice et son père passent 2 h 20 min à préparer le repas.

La durée de la préparation du repas, exprimée en minutes, est de :

2 h 20 min = 2 h + 20 min
= 120 min + 20 min
= 140 min

2 h 20 min
2 h | 20 min
1 h = 60 min
2 h = 120 min

1 Convertis les durées en minutes.

a) 3 h = □ min

b) 5 h = □ min

c) 1 h 43 min = □ min

d) 2 h 50 min = □ min

e) 3 h 7 min = □ min

f) 3 h 15 min = □ min

2 Maël a passé 95 minutes à faire du vélo.
Exprime cette durée en heures et minutes.

95 min = 60 min + □ min
= □ h + □ min
= □ h □ min

95 min
60 min | □ min

60 min = 1 h

3 Convertis les durées en heures et minutes.

a) 80 min = □ h □ min

b) 100 min = □ h □ min

c) 120 min = □ h □ min

d) 155 min = □ h □ min

e) 180 min = □ h □ min

f) 200 min = □ h □ min

Séance 119 Lisons les heures, les minutes et les secondes

Calcul mental Multiplier par 10 et 100 - Guide pédagogique

Exercices p. 227 - Fichier photocopiable

J'observe

Ma montre a trois aiguilles : l'aiguille des heures (h), l'aiguille des minutes (min) et l'aiguille des secondes (s), aussi appelée **trotteuse**.

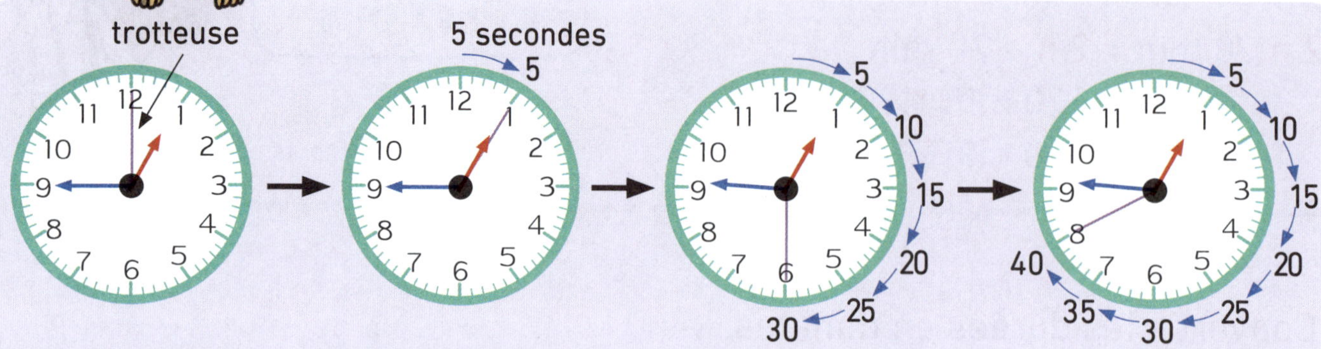

12 h 45 → 12 h 45 et 5 secondes → 12 h 45 et 30 secondes → 12 h 45 et 40 secondes

Sur une horloge numérique, voici comment s'affichent les heures, les minutes et les secondes.

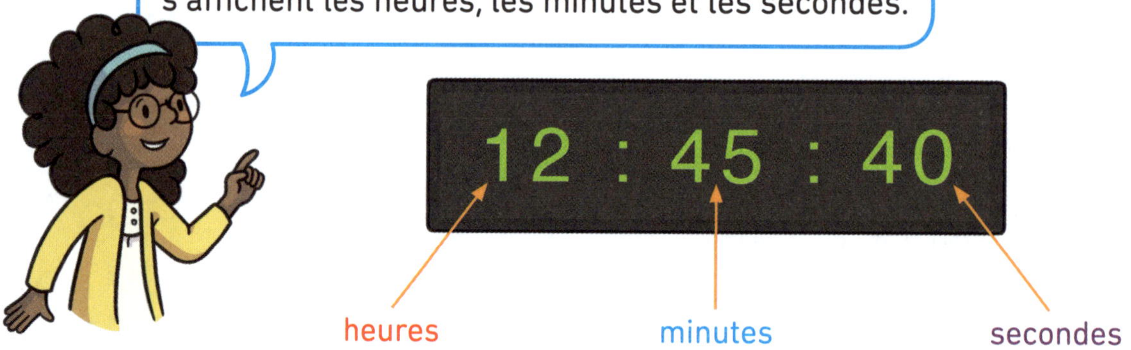

1 Combien de fois peux-tu écrire ton nom en 60 secondes ? ______ fois

Cite une activité que tu peux faire en 60 secondes. ______________________

2 Place un livre sur ta tête et garde-le le plus longtemps possible en équilibre. Demande à ton voisin de te chronométrer.

3 Observe chaque radio-réveil qui indique les heures, les minutes et les secondes puis complète les phrases.

a)

Il y a ☐ secondes dans 1 minute.

b)

Il y a ☐ minutes dans 1 heure.

4 Dessine la trotteuse manquante.

a)

b)

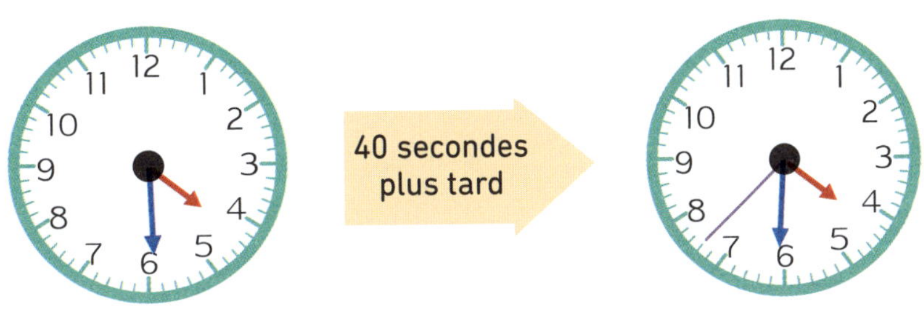

5 Relie les étiquettes qui indiquent la même durée.

2 min	1 min 5 s	3 min 35	5 min
120 s	215 s	300 s	65 s

Séance 120 Résolvons des problèmes

Calcul mental Multiplier par 2, 20 et 200 - Guide pédagogique

Exercices p. 228 - Fichier photocopiable

J'observe

Adèle et sa famille vont rendre visite à des amis à Paris.
Ils partent en voiture de Lyon à 8 h 45 et arrivent à Paris à 14 h 15.
Quelle est la durée de leur voyage ?

Méthode 1

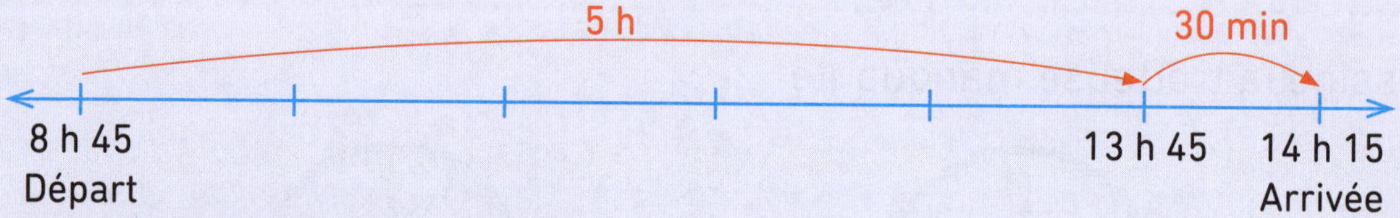

5 h + 30 min = 5 h 30 min

Méthode 2

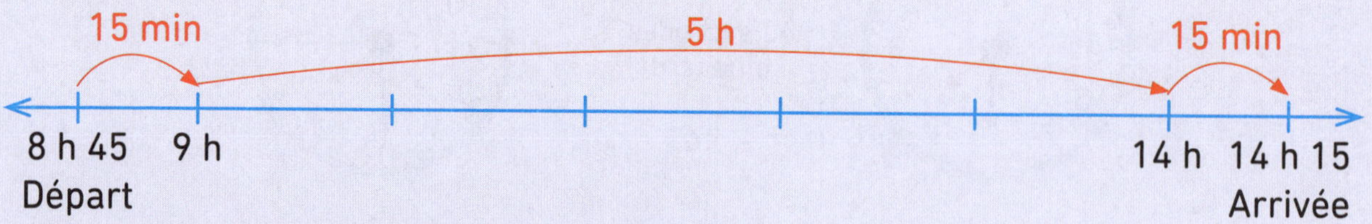

15 min + 5 h + 15 min = 5 h 30 min

La durée du voyage est de 5 h 30 min.

1 Calcule mentalement la durée d'un déjeuner qui commence à 12 h 15 et se termine à 13 h 05.

2 La classe de CE2 a quitté l'école à 9 h 10 pour se rendre au musée.
Elle est de retour à l'école à 11 h 30.
Quelle a été la durée de cette sortie ?

Méthode 1

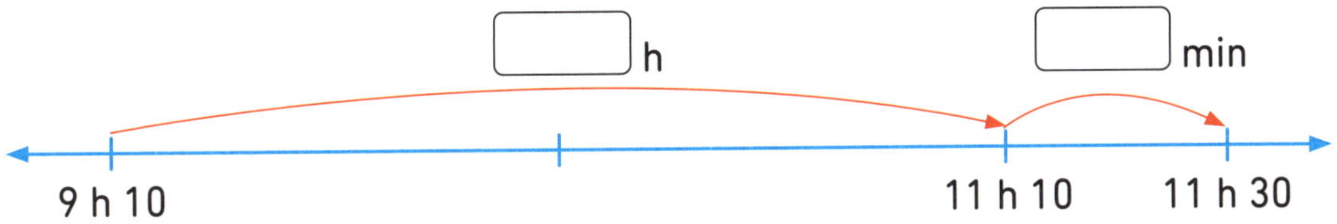

Méthode 2

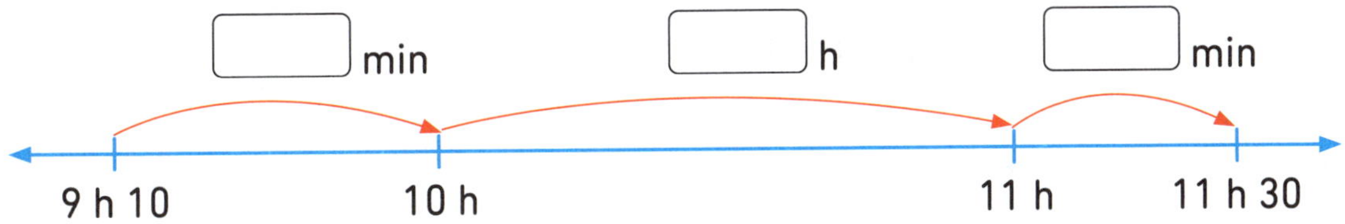

Réponse : ____________________

3 Adèle et Alice entrent dans une bibliothèque à 9 h 48 pour préparer un exposé. Elles en sortent à 13 h 05.
Combien de temps ont-elles travaillé sur leur exposé ?

Méthode 1

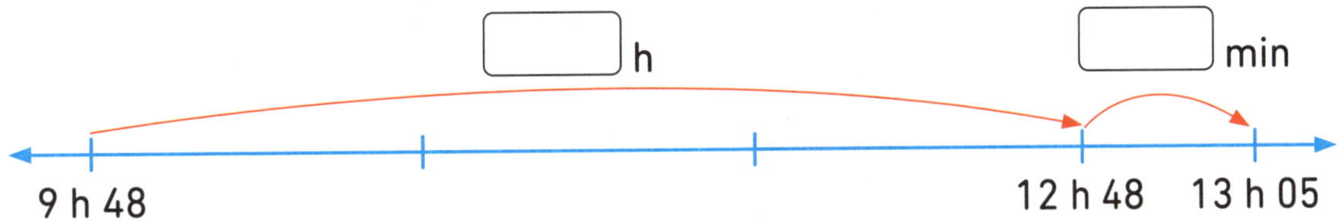

Méthode 2

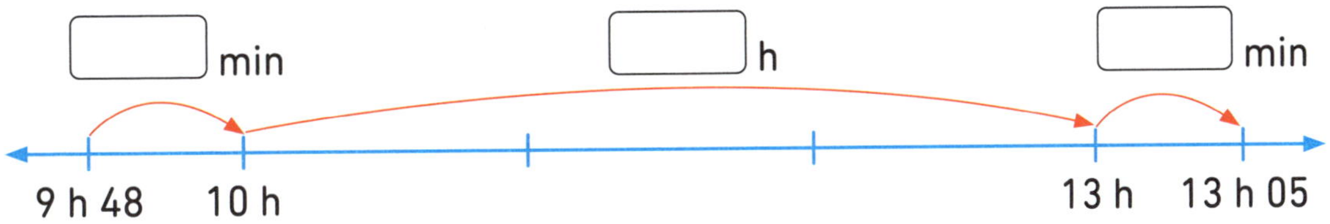

Réponse : ____________________

4 Observe les horaires de la clinique puis complète.

Clinique vétérinaire

Horaires d'ouverture

8 : 30 – 12 : 00

14 : 00 – 18 : 45

a) La clinique est ouverte ____ h ____ min le matin.

b) La clinique est ouverte ____ h ____ min l'après-midi.

c) Chaque jour, la clinique est ouverte pendant ____ h ____ min.

5 Idris a mis 20 minutes pour aller de chez lui à son école.
Il est arrivé à 8 h 15.
À quelle heure est-il parti de chez lui ?

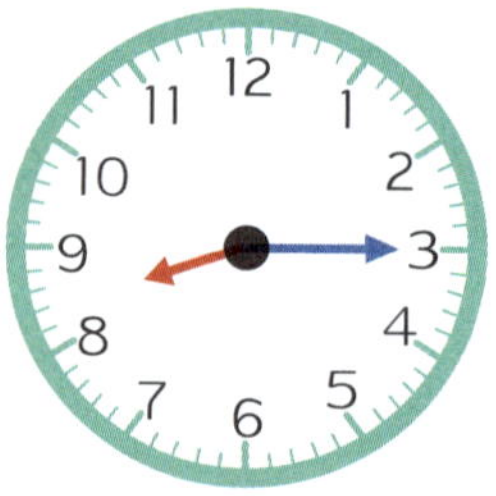

Réponse : ______________________________

6 Maël aide son père à réparer sa voiture. La réparation dure 2 h 55 min.
Ils se mettent au travail à 11 h 40. À quelle heure auront-ils terminé ?

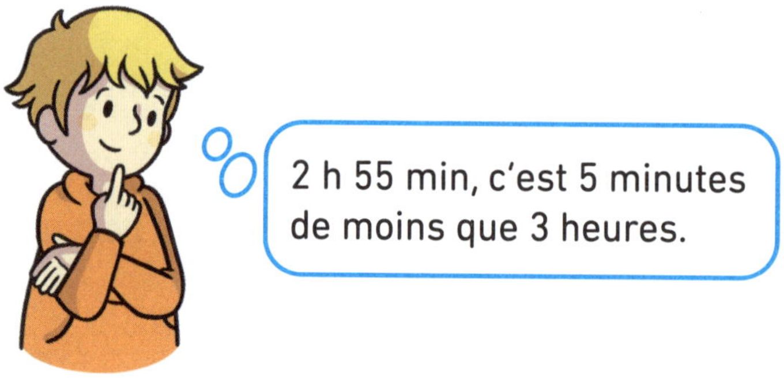

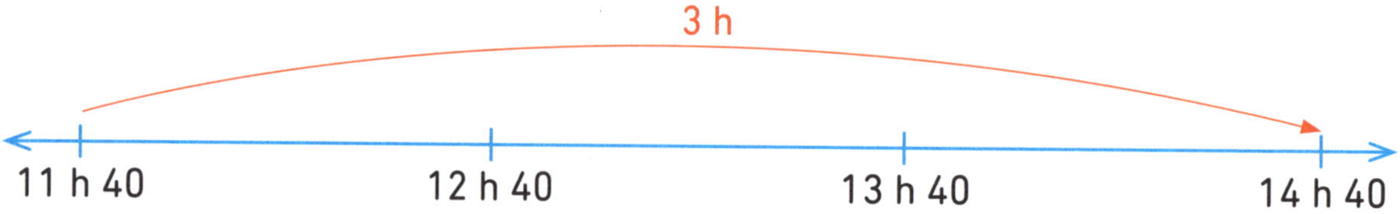

Réponse : ______________________________

Ce que j'ai appris

On peut lire et écrire l'heure de différentes façons.

Avant midi

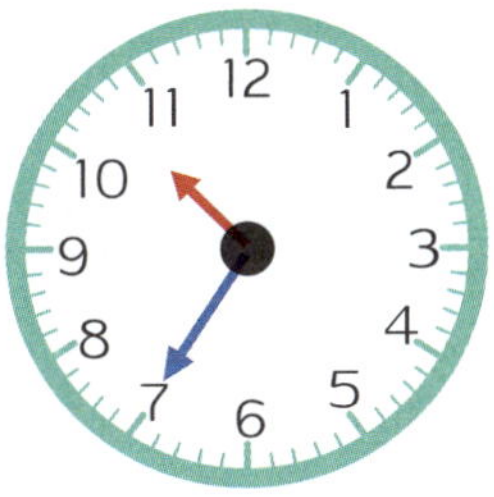

35 minutes après 10 heures,
c'est 10 h 35 ou 11 h moins 25.

Après midi

53 minutes après 22 h,
c'est 22 h 53.

La seconde (s) est une unité de temps plus petite que la minute.

1 minute = 60 secondes
1 heure = 60 minutes

On peut utiliser l'axe du temps pour résoudre des problèmes.

J'ai joué au football de 16 h 30 à 18 h 15. Quelle a été la durée de la partie ?

Méthode 1

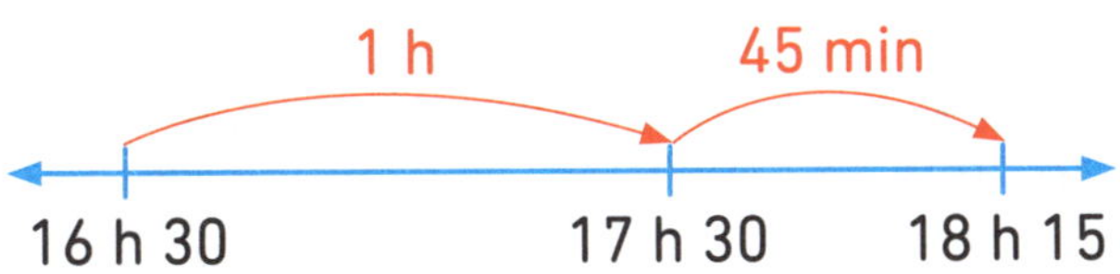

1 h + 45 min = 1 h 45 min

Méthode 2

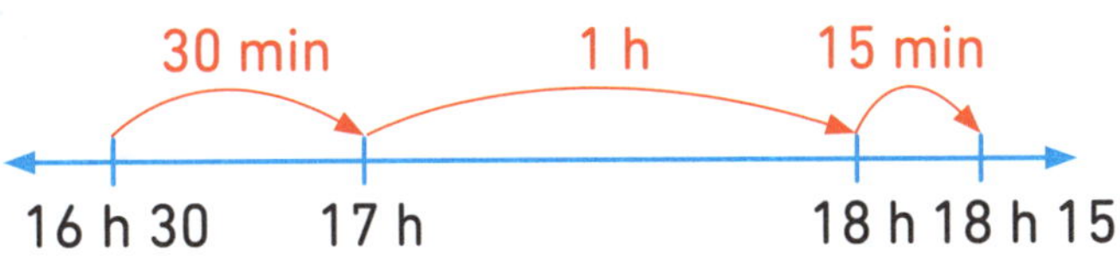

30 min + 1 h + 15 min = 1 h 45 min

Explorons pp. 229-230 - Fichier photocopiable

Mon journal p. 231 - Fichier photocopiable

Unité
14 L'aire et le périmètre

Séance 122 Découvrons la notion d'aire

Calcul mental Multiplier par 6 et 7 - Guide pédagogique

J'observe

La surface plane du bureau d'Idris est le rectangle marron.
Idris le recouvre complètement avec des petits carrés bleus.

L'**aire** du bureau d'Idris mesure 12 unités. L'**unité d'aire** est 1 carré.

La surface plane du bureau d'Alice est le rectangle marron.
Alice le recouvre complètement avec des petits triangles verts.

L'**aire** du bureau d'Alice mesure 40 unités. L'**unité d'aire** est 1 triangle.

L'aire d'une surface plane est le nombre d'unités nécessaires pour la recouvrir complètement.

1 a) Accole ton bureau à celui de ton voisin pour former un grand rectangle.
Prends comme unité d'aire une feuille de papier.
Estime l'aire du grand rectangle puis recouvre-le de feuilles.

b) Reprends l'activité en te servant cette fois de demi-feuilles de papier.

c) Compare les deux aires. Que remarques-tu ?

2 Adèle a recouvert des panneaux avec des carrés et des demi-carrés.
Un carré représente 1 unité d'aire.
Quelle est l'aire de chaque panneau ?

a)

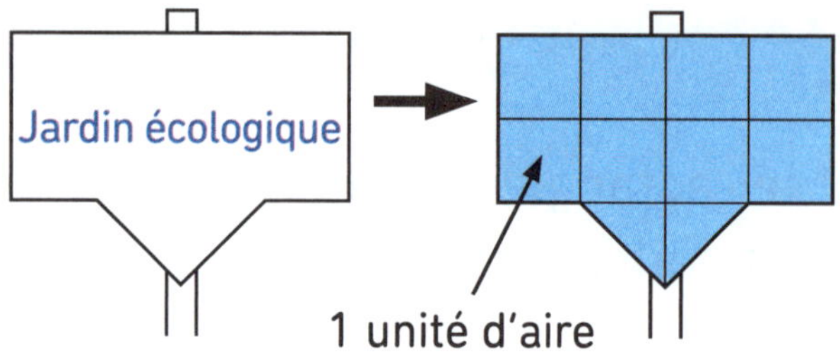

L'aire mesure ____ unités.

b)

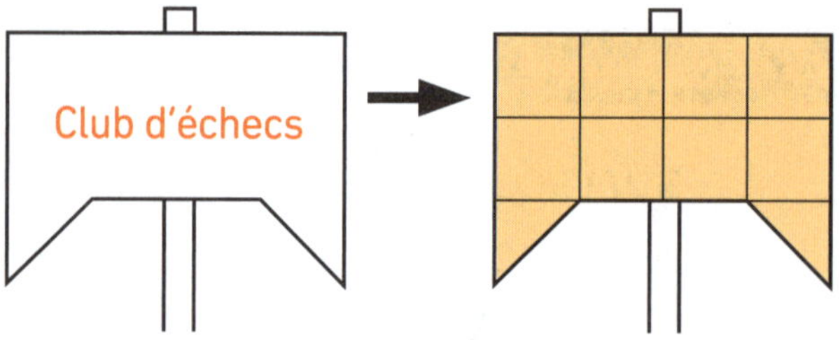

L'aire mesure ____ unités.

c) Que remarques-tu ?

____

____

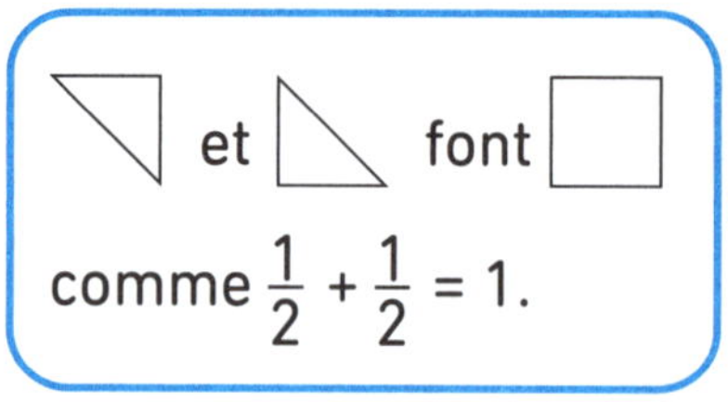

---

3 **a)** Quelle est l'aire de chaque figure, si l'unité d'aire est 1 carré ?

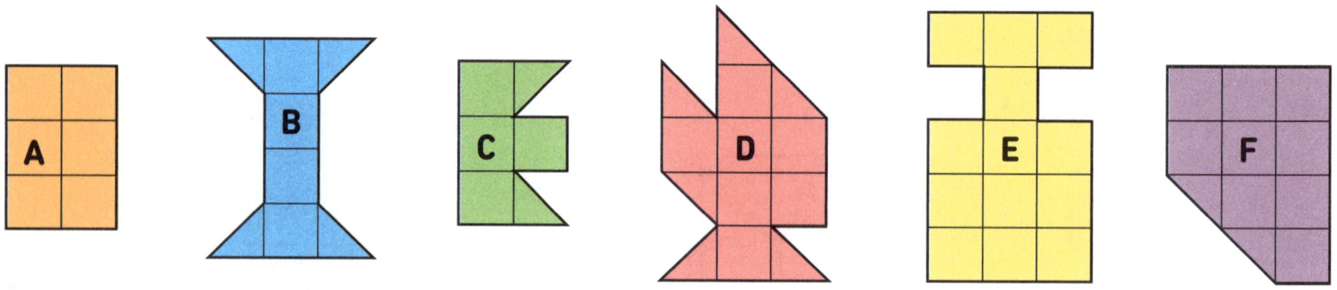

A	B	C	D	E	F
____ unités	____ unités	____ unités	____ unités	____ unités	____ unités

b) Quelle figure a la plus grande aire ? ____ La plus petite aire ? ____

c) Y a-t-il des figures qui ont la même aire ? Lesquelles ?

____

---

4 Avec des élastiques, crée sur ton géoplan des polygones ayant respectivement les aires suivantes : 4 unités, 5 unités, 7 unités et 8 unités.

1 unité d'aire

Séance 123 Mesurons l'aire en centimètres carrés

Calcul mental Multiplier par 8 et 9 - Guide pédagogique

Exercices p. 232 - Fichier photocopiable

J'observe

Voici un carré de 1 cm de côté.

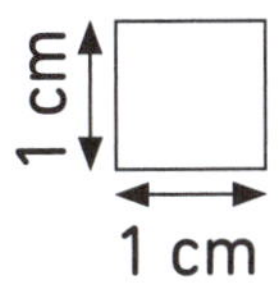

Un **centimètre carré (cm^2)** est une unité d'aire.

L'aire de ce carré mesure 1 centimètre carré. On écrit 1 cm^2.

Chacune des figures suivantes est composée de 6 carrés de 1 cm de côté.
L'aire de chaque figure mesure donc 6 cm^2.

1 Voici des carrés de 1 cm, 2 cm, 3 cm et 4 cm de côté.

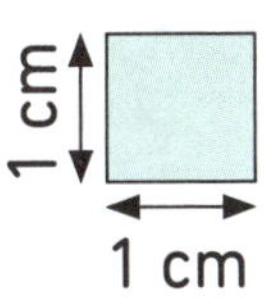

☐ cm^2

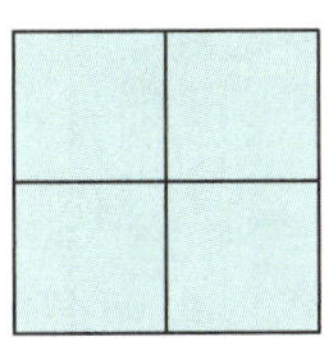

☐ cm^2

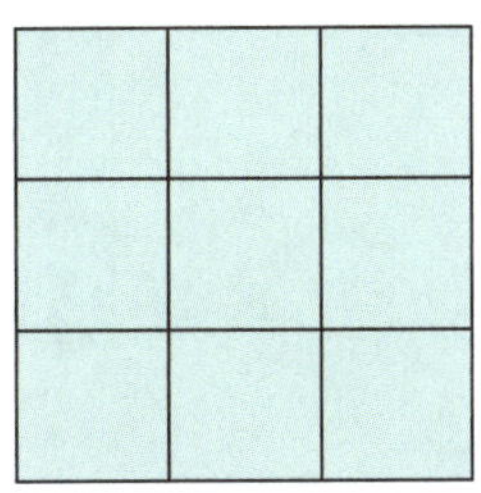

☐ cm^2

☐ cm^2

a) Complète l'aire de chaque carré.

b) Trouve l'aire d'un carré de 5 cm de côté puis de 10 cm de côté. Justifie tes réponses.

____

____

2 **a)** Sur du papier quadrillé de 1 cm de côté, trace l'empreinte de ta main.

b) Estime l'aire de ton empreinte en cm^2 puis trouves-en la mesure approximative. Pour cela, compte les carrés entiers puis les morceaux de carrés restants du mieux possible.

3 a) Découpe les 4 carrés et les 4 demi-carrés suivants.

b) Quelle est l'aire de chaque carré et de chaque triangle découpés ?

Aire d'un carré : ☐ cm² Aire d'un triangle : ☐ cm²

c) Avec ces 8 figures découpées, crée une seule grande figure.

Quelle est son aire ? ☐ cm² Explique ta réponse.

d) Compare ta figure avec celle de ton voisin. Trouvez-vous la même aire ?

4 Complète l'aire de chaque figure.

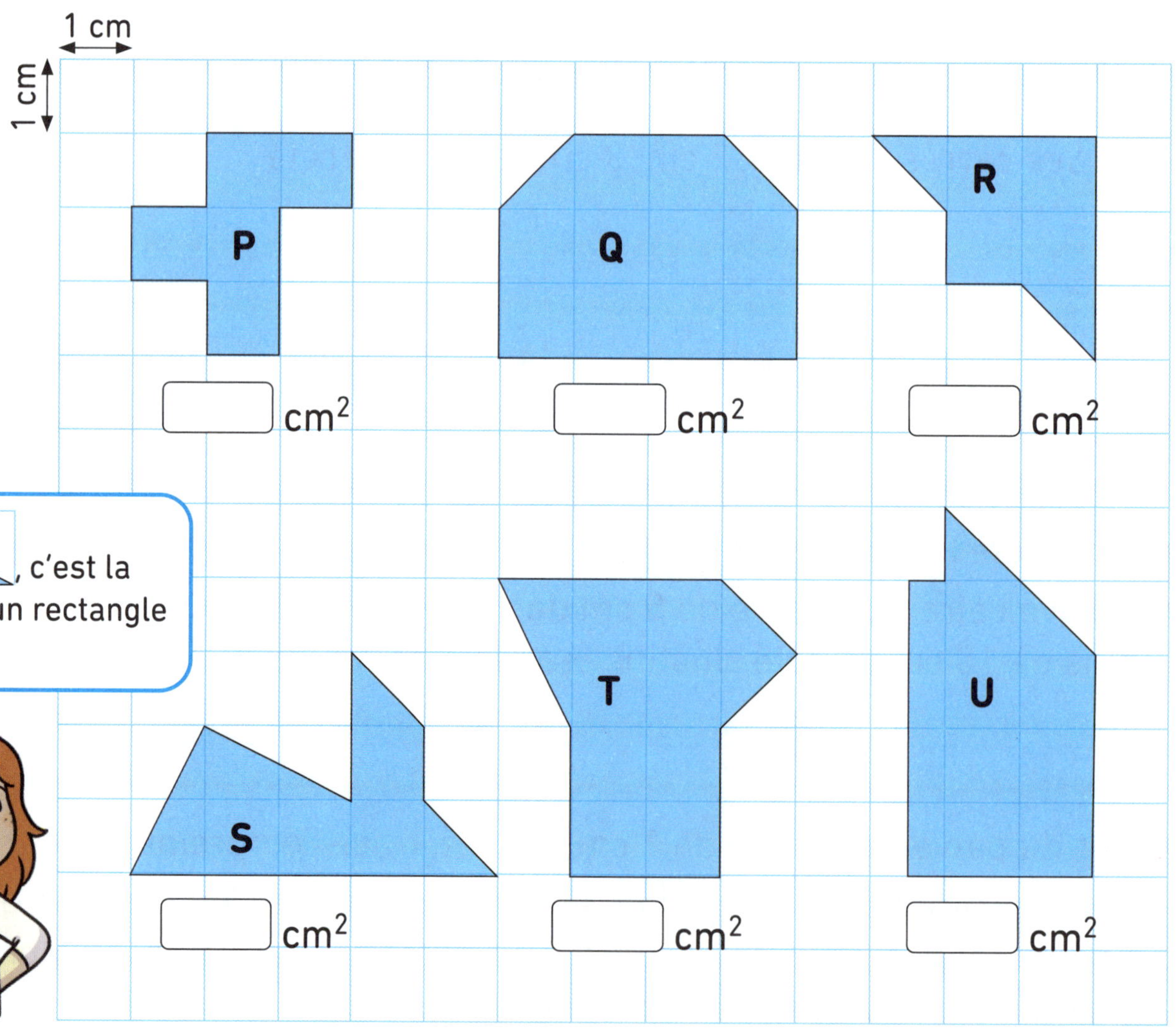

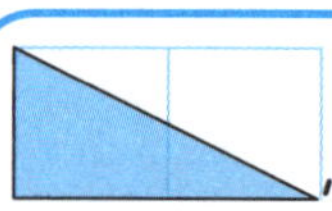, c'est la moitié d'un rectangle de 2 cm².

Séance 124 Mesurons l'aire en mètres carrés

Calcul mental Multiplier deux dizaines - Guide pédagogique

Exercices p. 233 - Fichier photocopiable

J'observe

Voici la table basse du salon d'Idris.
Sa surface est un carré de 1 m de côté.

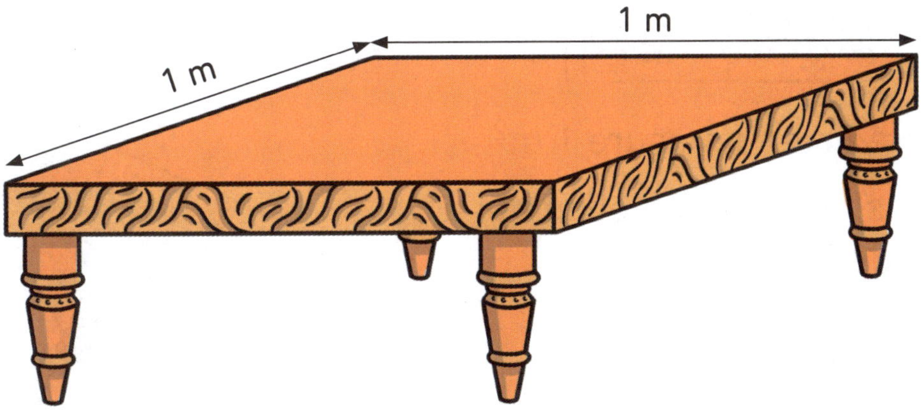

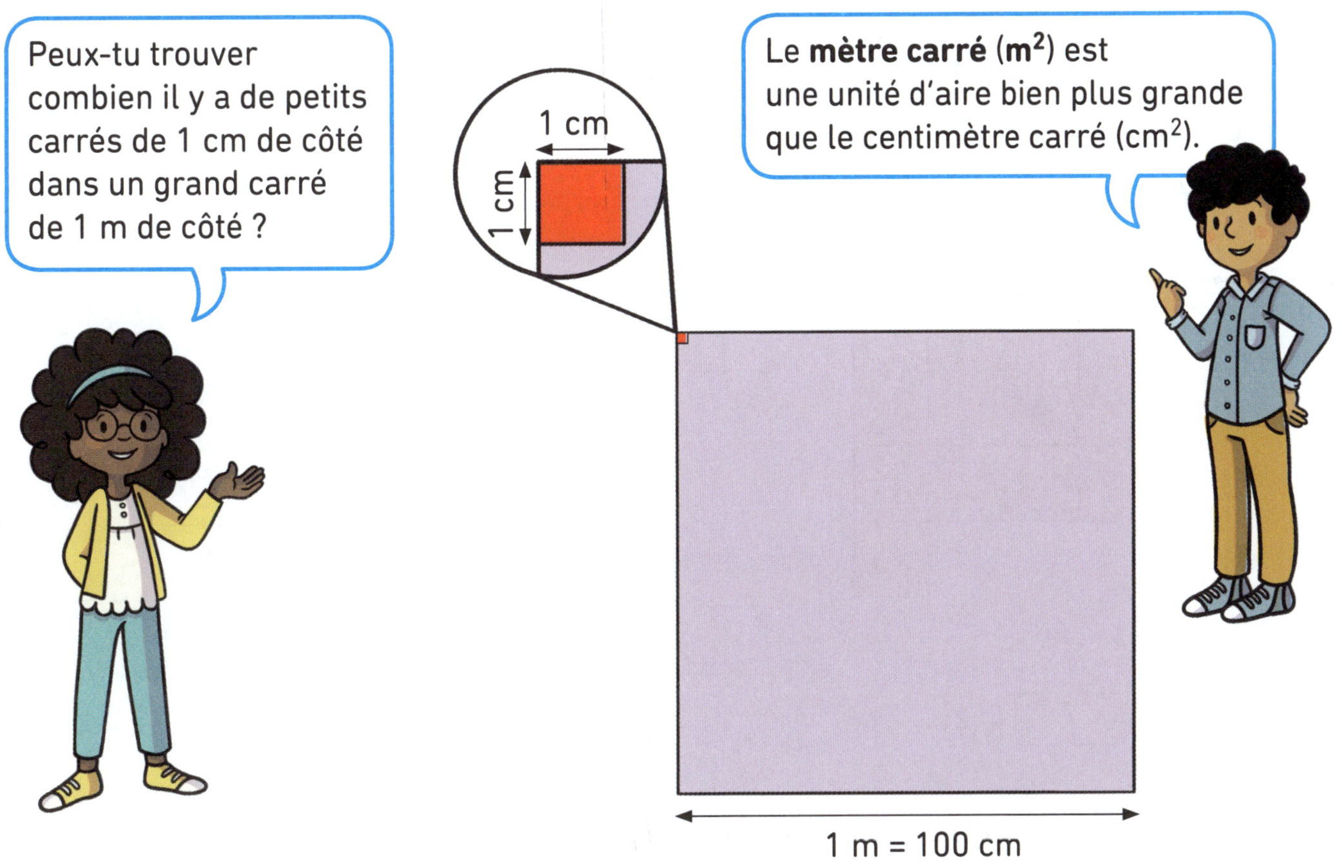

1 Assemble 4 grands morceaux de papier journal et scotche-les.
Découpe un carré de 1 m de côté.

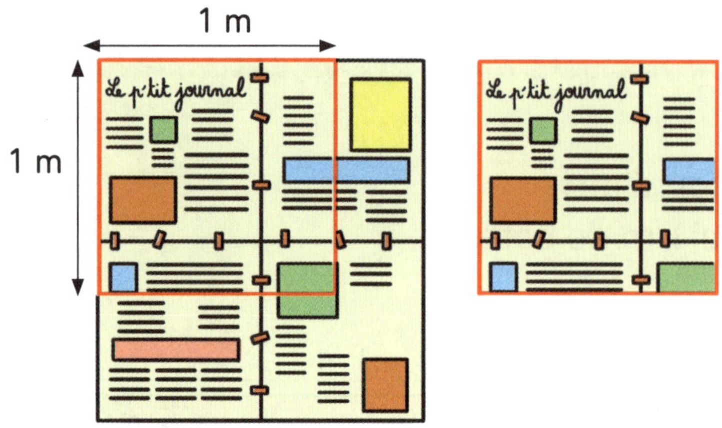

L'aire du carré obtenu mesure 1 m^2.

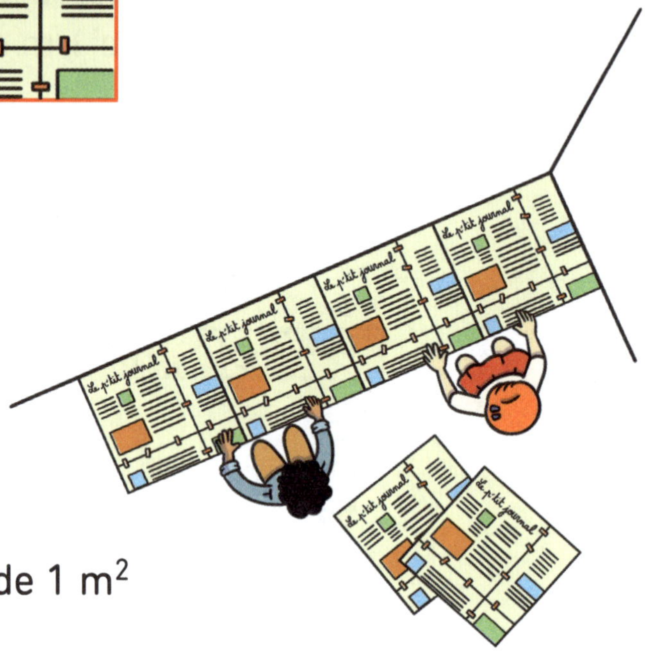

a) Trouve dans ta classe un objet qui a :
- une aire de 1 m^2 environ ;
- une aire inférieure à 1 m^2 ;
- une aire supérieure à 1 m^2.

b) Avec ton voisin, utilisez vos morceaux de 1 m^2 pour estimer l'aire du sol de la classe.

---

2 Voici le plan du sol de 3 pièces différentes.
Les côtés de chaque carré mesurent 1 m.

a) Trouve l'aire de chaque sol.

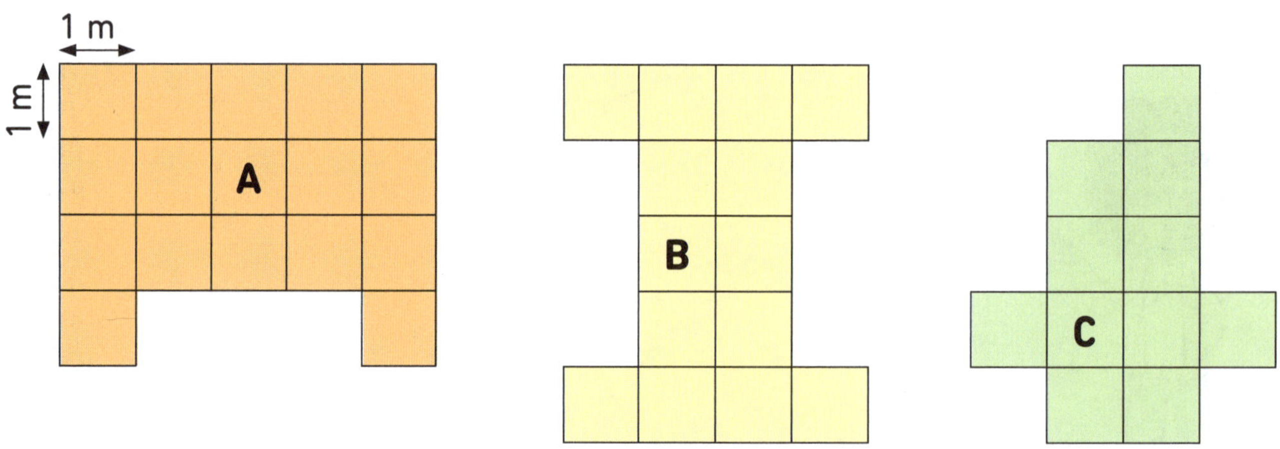

☐ m^2 ☐ m^2 ☐ m^2

b) Quel sol a la plus grande aire ? ☐

c) Quel sol a la plus petite aire ? ☐

Séance 125 Découvrons la notion de périmètre

Calcul mental Multiplier deux centaines - Guide pédagogique

J'observe

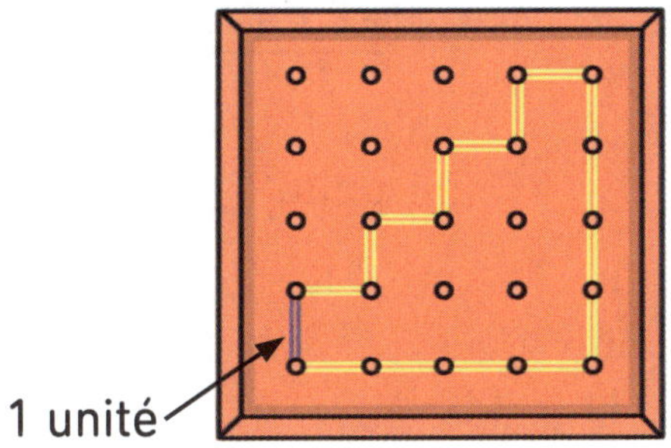

Le périmètre de la figure est de 16 unités.

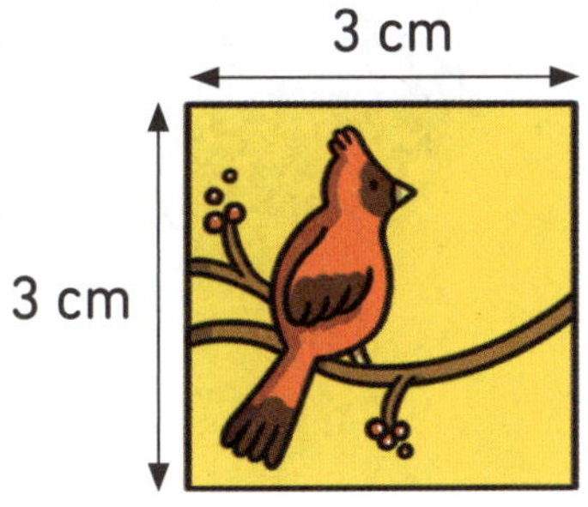

Le périmètre de l'autocollant est de 12 cm.

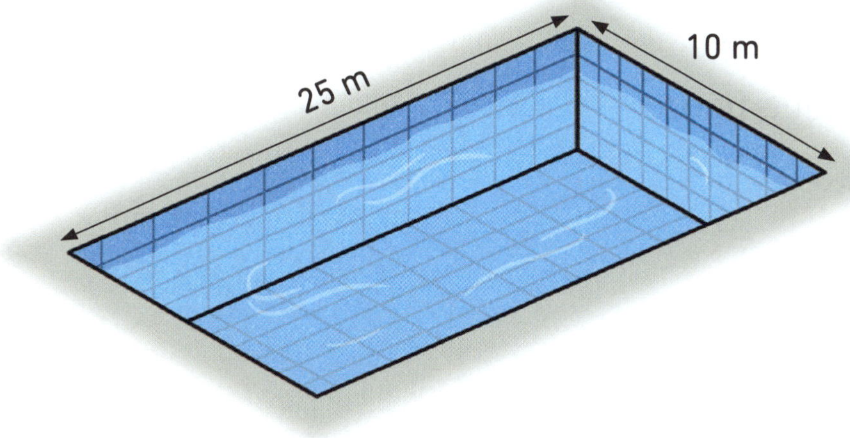

25 m + 10 m + 25 m + 10 m = 70 m
Le périmètre de la piscine est de 70 m.

Le **périmètre** d'une figure est la longueur de son contour.

1 Crée les figures suivantes sur ton géoplan :

a) un carré de 8 unités de périmètre.

b) un rectangle de 10 unités de périmètre.

c) une figure de 12 unités de périmètre.

d) une figure dont le périmètre est le plus petit possible.

e) une figure dont le périmètre est le plus grand possible.

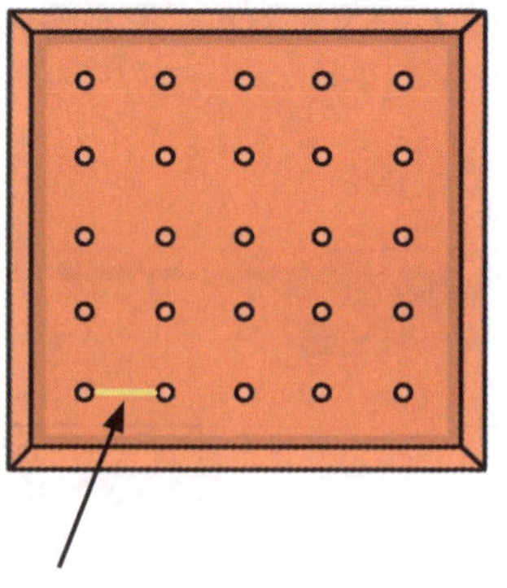

---

2 Trouve le périmètre de chaque parcelle de terrain.

a)

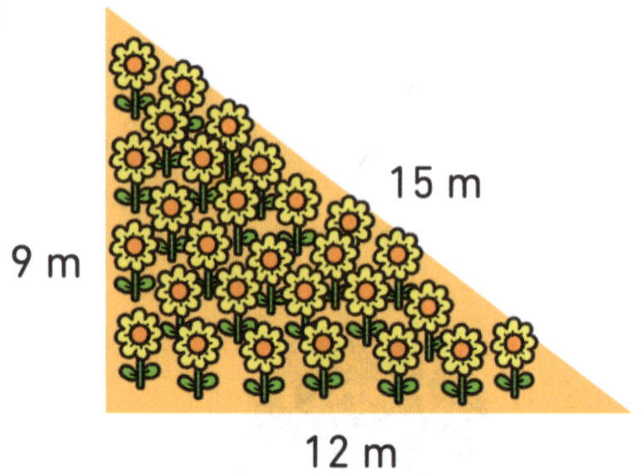

15 m + 12 m + 9 m = ☐ m

b)

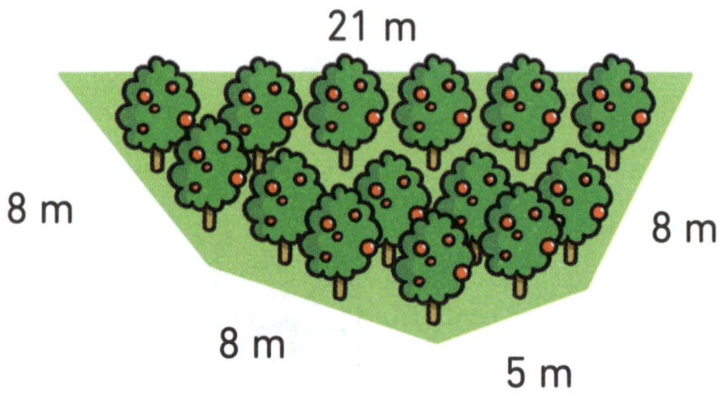

---

3 Trouve le périmètre de chaque figure.

a)

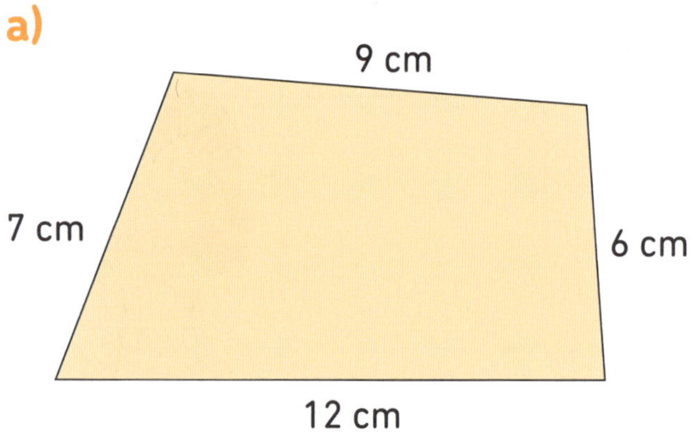

☐ cm

b)

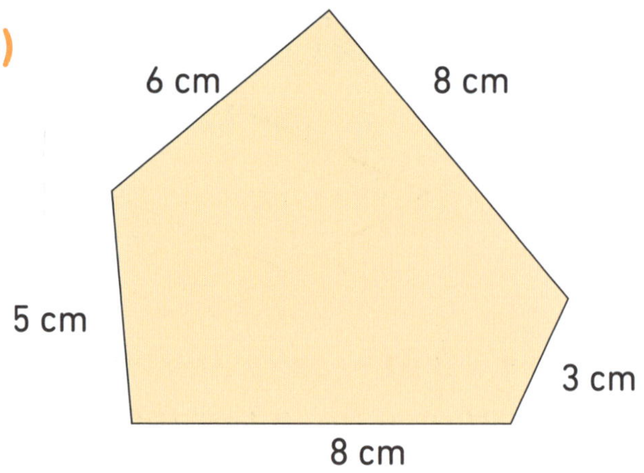

☐ cm

4 a) Trouve l'aire et le périmètre de chaque figure.

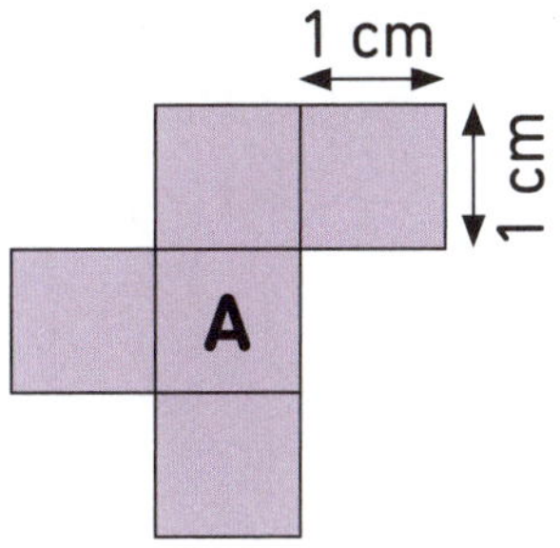

Aire : [ ] cm²

Périmètre : [ ] cm

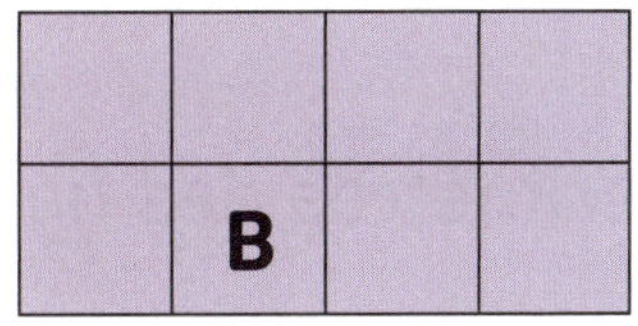

Aire : [ ] cm²

Périmètre : [ ] cm

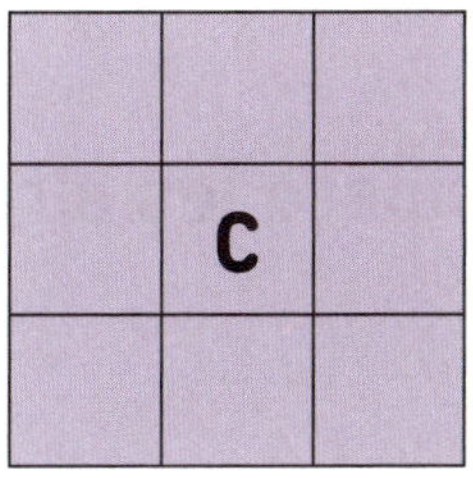

Aire : [ ] cm²

Périmètre : [ ] cm

b) Que remarques-tu ?

---

5 a) Trouve l'aire et le périmètre de chaque figure.

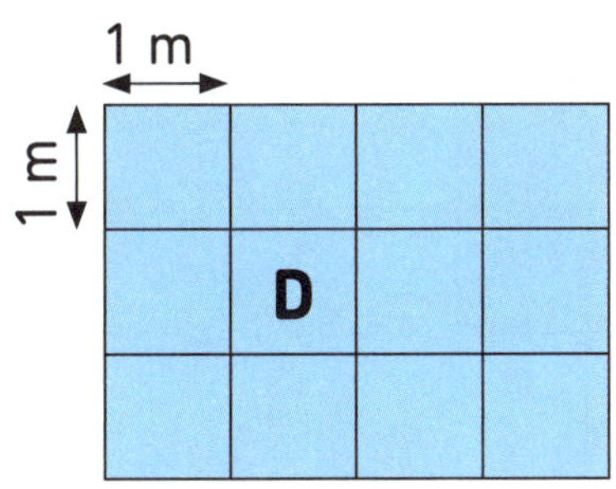

Aire : [ ] m²

Périmètre : [ ] m

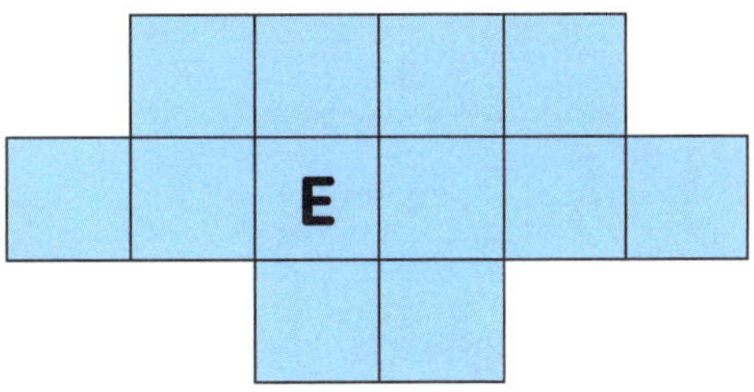

Aire : [ ] m²

Périmètre : [ ] m

Aire : [ ] m²

Périmètre : [ ] m

b) Que remarques-tu ?

---

6 Sur une feuille blanche, trace :

a) un carré de 12 cm de périmètre ; indique la longueur de ses côtés.

b) un triangle de 12 cm de périmètre ; indique la longueur de ses côtés.

c) un rectangle de 12 cm de périmètre ; indique la longueur de ses côtés.

Calcul mental Multiplier des centaines et des dizaines - Guide pédagogique
Exercices p. 234 - Fichier photocopiable

1 Compare les aires et les périmètres des figures A et B.

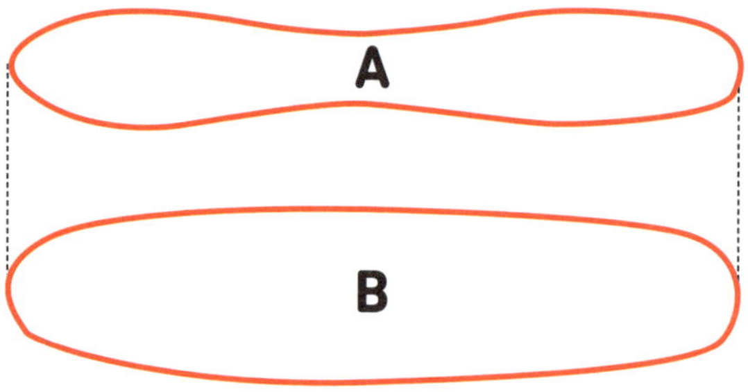

2 Les figures suivantes sont composées de carrés de 1 m de côté.

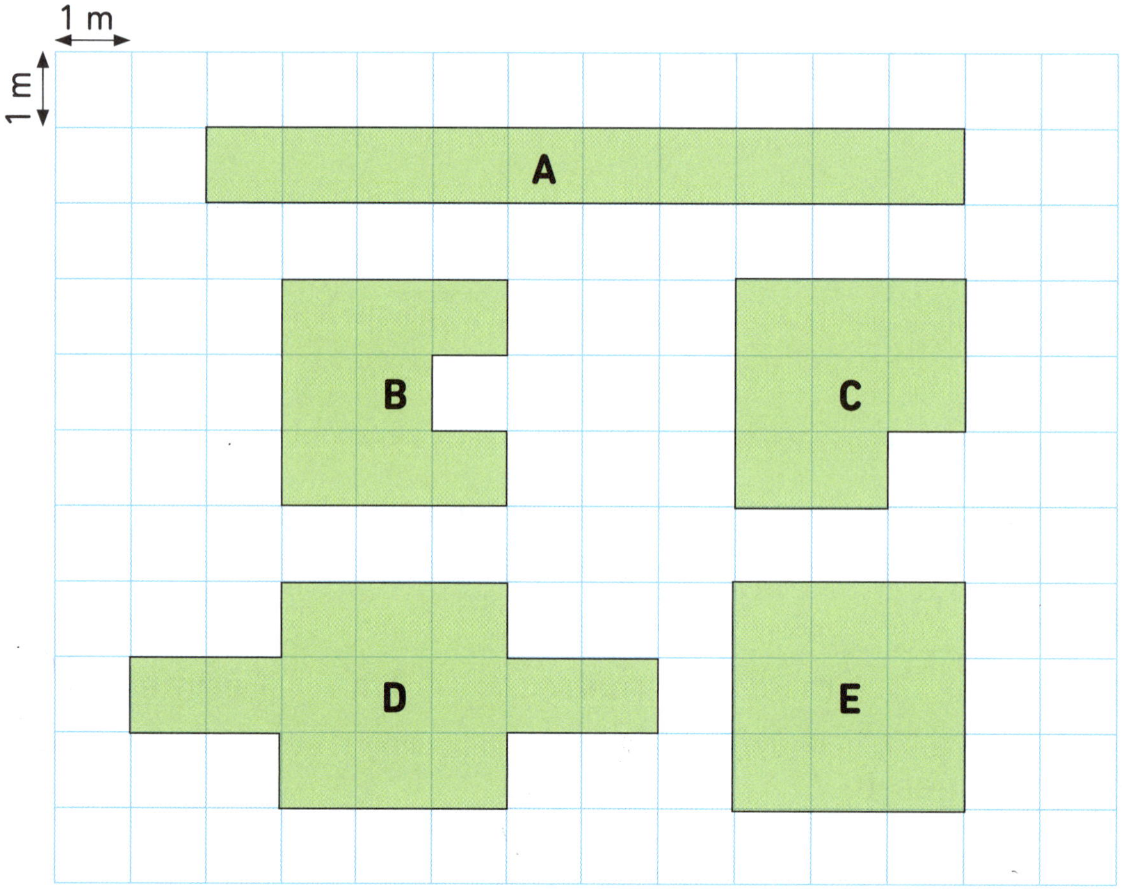

a) Quelle figure a le plus grand périmètre ? ☐

b) Quelles figures ont le même périmètre ? ☐ et ☐

c) Quelle figure a la plus grande aire ? ☐

d) Quelles figures ont la même aire ? ☐ et ☐

3 Ces figures sont composées de carrés de 1 cm de côté.

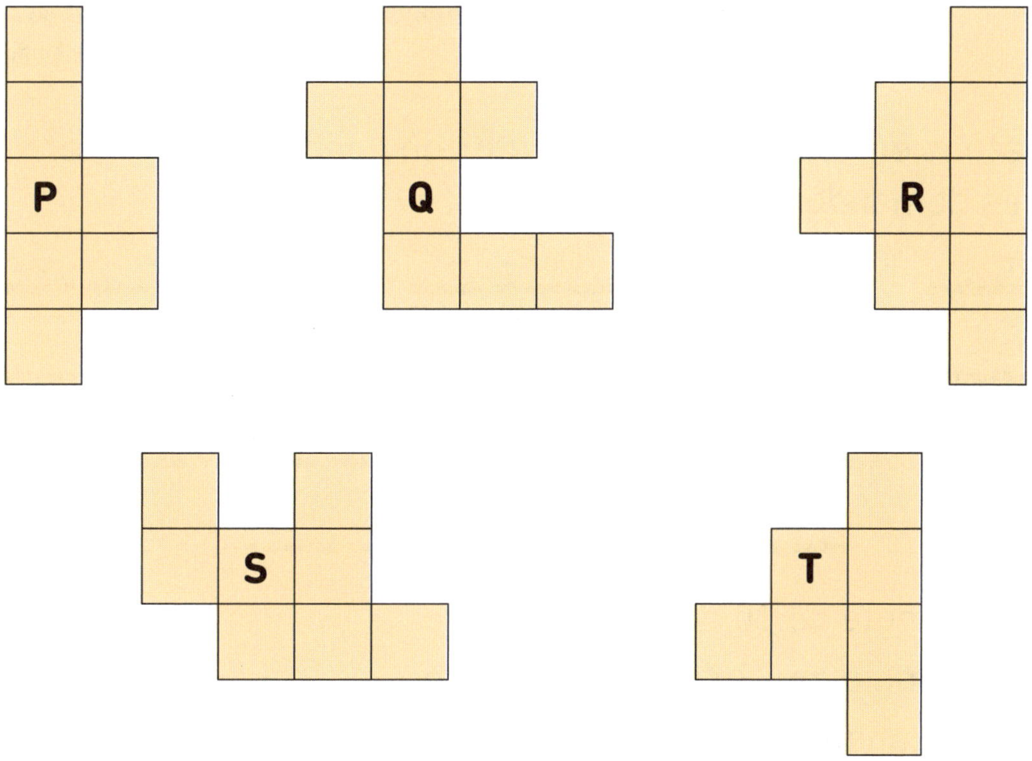

a) Quelles sont les deux figures qui ont le même périmètre
mais une aire différente ? ______ et ______

b) Quelles sont les deux figures qui ont la même aire
mais un périmètre différent ? ______ et ______

c) Quelles sont les deux figures qui ont le même périmètre et la même aire ?
______ et ______

4 Trouve le périmètre de chaque figure.

a)

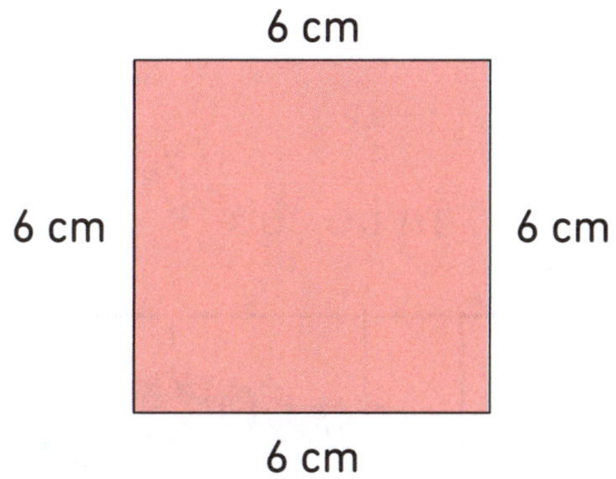

b)

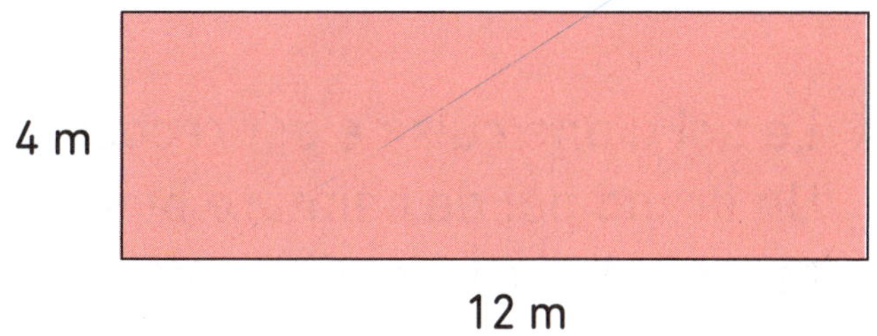

Résolvons des problèmes (2)

Calcul mental Suite d'opérations consécutives - Guide pédagogique

Exercices p. 235 - Fichier photocopiable

1 Voici 9 bâtons en bois. Choisis ceux qui conviennent pour créer les figures demandées puis dessine-les.

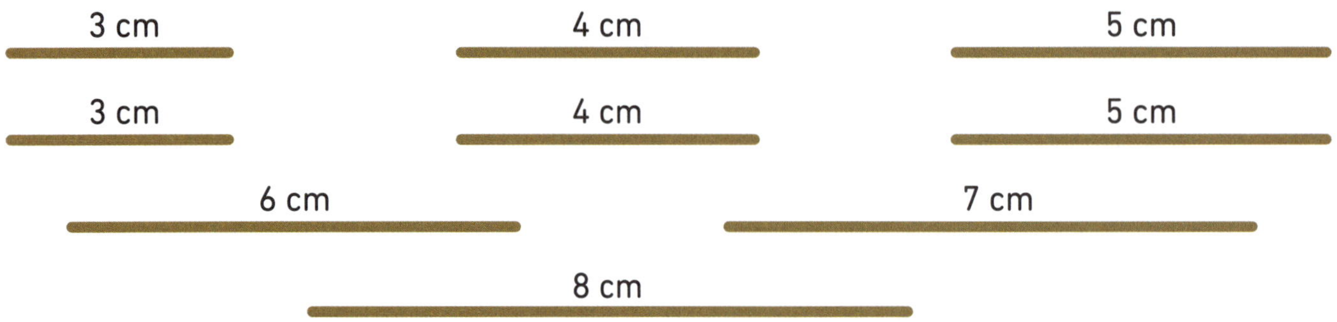

a) Crée un triangle de 10 cm de périmètre.

b) Crée un triangle de 21 cm de périmètre.

c) Crée un rectangle de 18 cm de périmètre.

d) Crée un polygone à 5 côtés de 25 cm de périmètre.

e) Crée un polygone de ton choix. Indique son périmètre sur ton dessin.

2 Les figures suivantes sont constituées de carrés de 1 cm de côté et de demi-carrés. Quelle est l'aire de chaque figure en cm^2 ?

a) 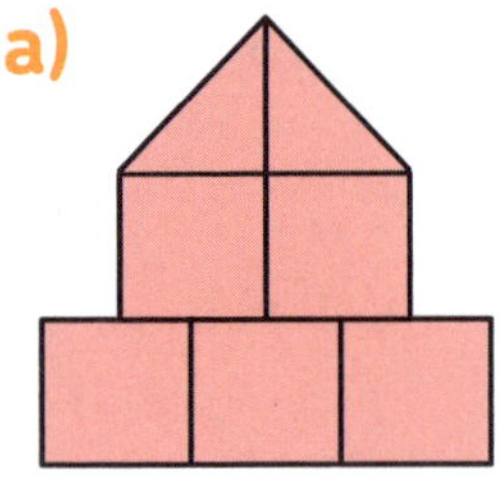

☐ cm^2

b) 

☐ cm^2

c) 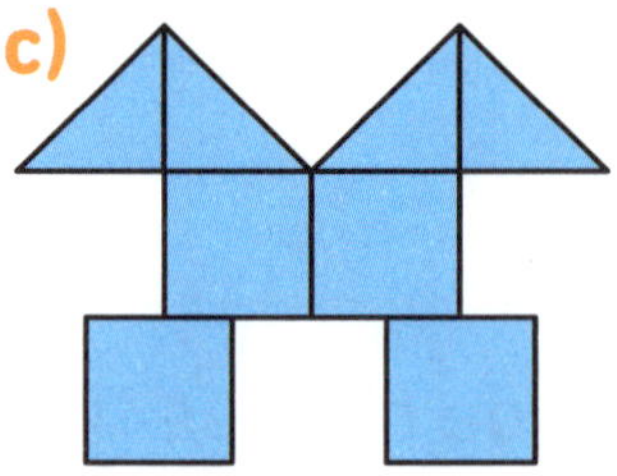

☐ cm^2

d) 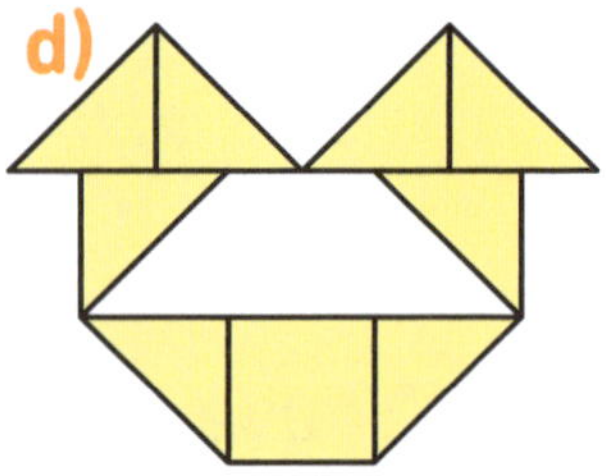

☐ cm^2

3 Le sol d'une cuisine est recouvert de carreaux de 1 m de côté. Un grand pot de peinture bleue s'est renversé et cache une partie du sol.

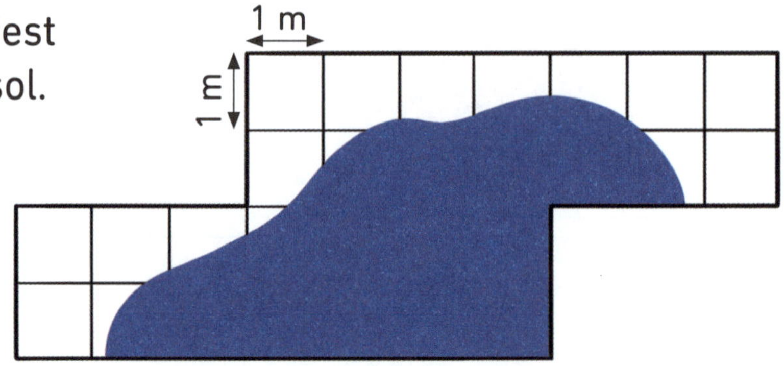

a) Quel est le périmètre du sol ?

____

b) Quelle est l'aire du sol ?

____

4 Voici une suite de figures constituées de carrés de 1 cm de côté.

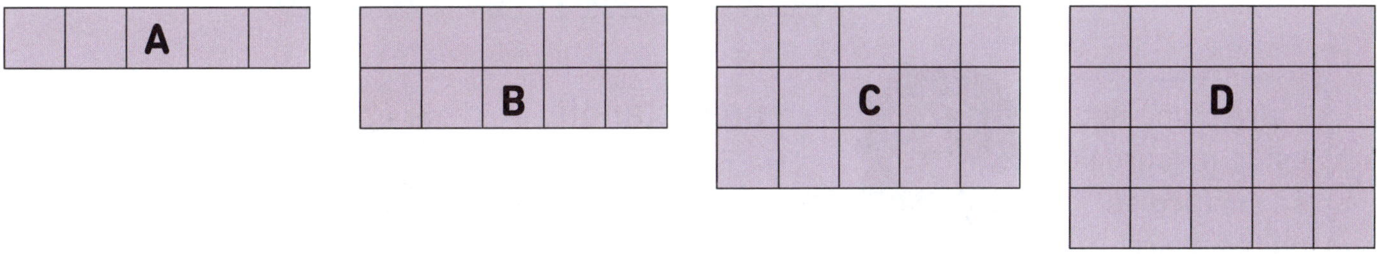

a) Complète en indiquant les unités de mesures.

Figure	A	B	C	D
Aire				
Périmètre				

b) Quels seraient l'aire et le périmètre de la figure à 5 rangées ?

Quels seraient l'aire et le périmètre de la figure à 10 rangées ?

c) De combien de cm^2 les aires augmentent-elles d'une figure à l'autre ? Pourquoi ?

d) De combien de cm les périmètres augmentent-ils d'une figure à l'autre ? Pourquoi ?

5 **a)** Sur du papier quadrillé, trace deux rectangles de 10 cm de périmètre et d'aire :

- A1 = 4 cm^2
- A2 = 6 cm^2

b) Sur du papier quadrillé, trace deux figures de 6 cm^2 d'aire et de périmètre :

- P1 = 12 cm
- P2 = 14 cm

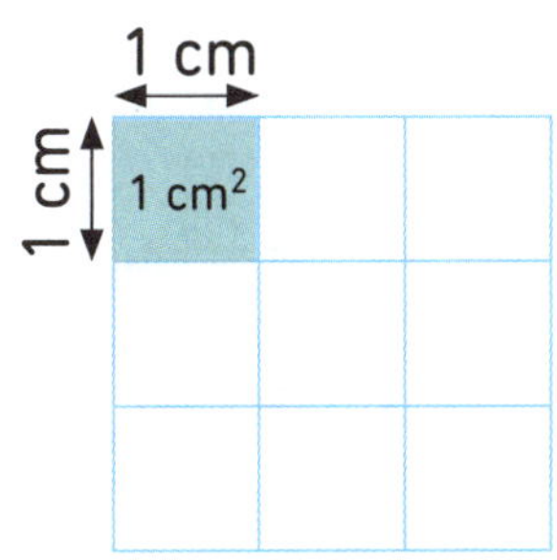

6 Compare les aires et les périmètres de ces trois figures.
Crée-les avec deux triangles identiques d'un tangram.

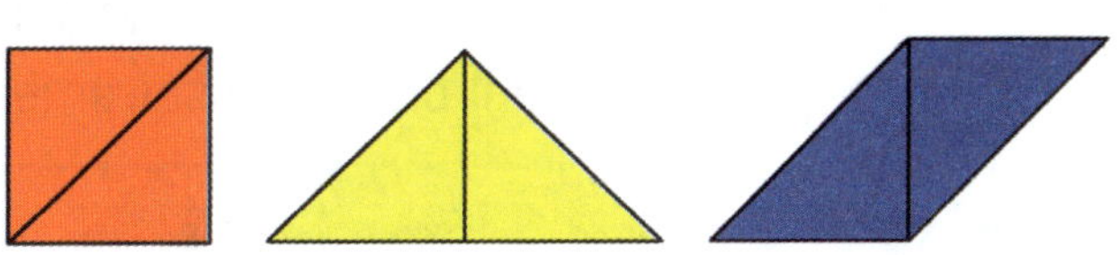

Ce que j'ai appris

L'**aire** d'une figure est la mesure de **sa surface** en unités d'aire.

un rectangle

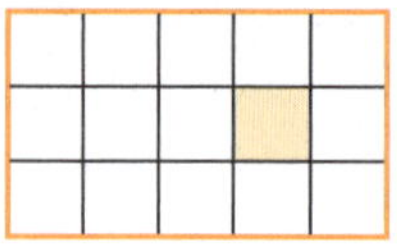

Le **périmètre** d'une figure est la mesure de **son contour** en unités de longueur.

Deux unités d'aire usuelles sont le **centimètre carré** (cm^2) pour de petites aires et le **mètre carré** (m^2) pour de plus grandes aires.

un bassin

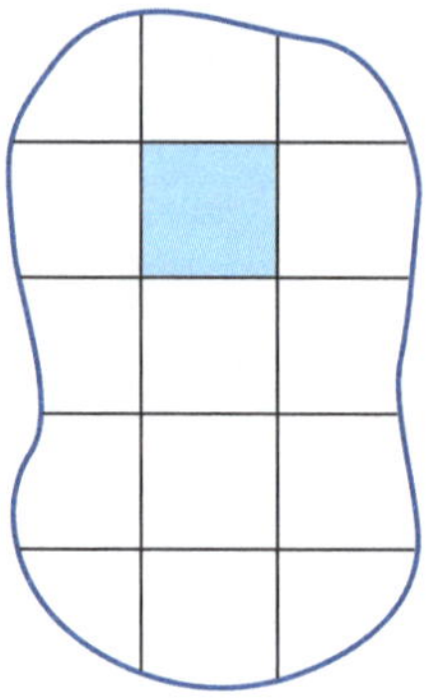

Deux unités de périmètre usuelles sont le **centimètre** (cm) pour de petits périmètres et le **mètre** (m) pour de plus grands périmètres.

J'ai rencontré 4 situations différentes. Deux figures peuvent avoir :

Des aires et des périmètres différents.	Des aires égales et des périmètres différents.	Des périmètres égaux et des aires différentes.	Des aires et des périmètres égaux.

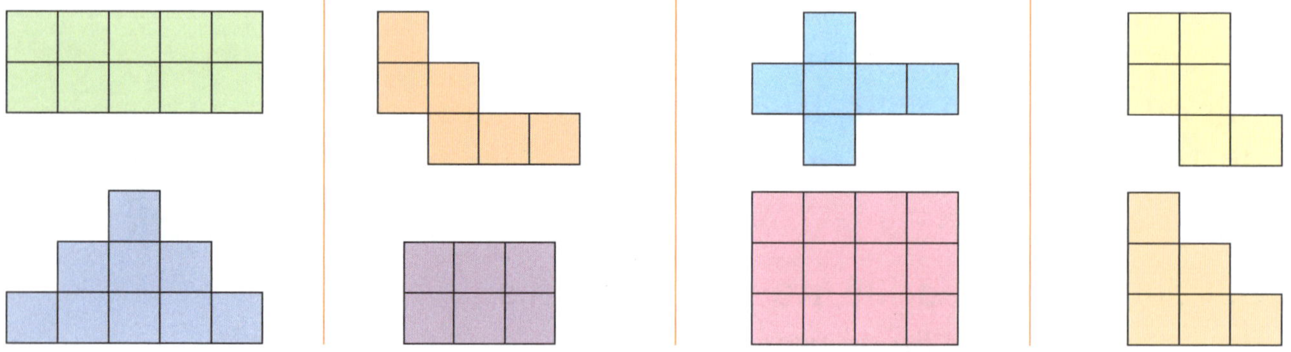

J'en conclus que deux figures qui ont :
- la même aire ;
- ou le même périmètre ;
- ou la même aire et le même périmètre,

n'ont pas nécessairement la même forme !

Explorons pp. 236-237 - Fichier photocopiable

Mon journal p. 238 - Fichier photocopiable